BLV Garten- und Blumenpraxis

Siegfried Stein

Pflanzenaussaat
mit Erfolg

Alles über Samen, Keimung,
Wachstum

BLV Verlagsgesellschaft
München Wien Zürich

CIP-Kurztitelaufnahme der Deutschen Bibliothek

Stein, Siegfried:
Pflanzenaussaat mit Erfolg: alles über Samen,
Keimung, Wachstum / Siegfried Stein. – München;
Wien; Zürich: BLV Verlagsgesellschaft, 1987.
  (BLV Garten- und Blumenpraxis; 343)
  ISBN 3-405-13366-1

NE: GT

Bildnachweis

Alle Bilder vom Autor außer:
Apel: 111
Nunhems Zaden: 6
Burda: 61, 101 ol., 109
Eisenbeiss: 83, 103 r.
Felbinger: 47, 101 ur.
Fries/Kraut & Rüben: 10, 118
Gschwind: 54 ur.
Reinhard: 73, 75 u, 77, 112, 121

Sammer: 31, 210
Seibold: 101 ul., 105 o.
Seidl: 80
Sinicki: 101 or.
Stangl: 96, 107 r.
Sulzberger: 78
Wetterwald: 49, 115 r.
Titelfoto: Nunhems Zaden
Grafiken: Hellmut Hoffmann

BLV Garten- und Blumenpraxis 343

© 1987 BLV Verlagsgesellschaft mbH, München
8000 München 40

Gesamtherstellung: R. Oldenbourg, München

Printed in Germany · ISBN 3-405-13366-1

BLV Garten- und Blumenpraxis

Inhalt

Einführung

Liebe Leser!
Sicher haben Sie – wie auch ich – schon ab und zu vor einer Aussaat gestanden, die nicht gelang, und insgeheim dem Saatgutlieferanten gezürnt. Finstere Gedanken kreisen dann im Kopf – schließlich sind wir es gewohnt, für gutes Geld den Erfolg frei Haus geliefert zu bekommen. In der Tat steht der Ärger über mißlungene Aussaaten – eine Verbraucherberatung brachte es jüngst an den Tag – auf Platz 2 der Gartenübel, gleich nach Schädlingen und Krankheiten.

Man sollte jedoch nach den Ursachen der Mißerfolge suchen: Meistens wird man mit etwas Geduld auch fündig. Der Samenlieferant steht anschließend nur selten als Schuldiger da. Es gibt amtliche Kontrollproben: Die Zahl der Beanstandungen ist dabei verschwindend gering. Verwunderlich ist dies nicht. Schließlich kann es sich kein Kaufmann leisten, schadhafte oder ungenügend geprüfte Ware in Verkehr zu bringen.

Nicht immer allerdings hinterläßt der Verursacher so deutliche Spuren wie kürzlich in meinem Erbsenbeet. Trotz optimaler Bedingungen zeigte sich nur hin und wieder ein mageres Pflänzchen. Im Boden ließ sich kein Samenkorn finden, auch kein vor schimmeltes. Am Reihenende lagen jedoch eine Anzahl von Samenschalen, fein säuberlich in der Mitte geteilt. Überreste einer Mäusemahlzeit! Über die vielfältigen Gründe,

die zu Mißerfolgen führen, und über einfache Vorbeugungsmaßnahmen unterrichtet Sie dieses Buch.

Für gute Züchtungen wird ein auf den ersten Blick stolzer Preis verlangt. Da stellt sich häufig die Frage, ob man mit dem Kauf fertiger Pflanzen nicht besser bedient sei. In der Tat sind die Pflanzenverkäufe stark steigend. Vornehmlich ist daran die schnell größer werdende Zahl der Balkon- und Terrassenbesitzer beteiligt, die ihre wenigen Quadratmeter in ein grünes Paradies verwandeln, in dem neben Blumen auch immer mehr Gemüse gedeiht. Wer einen größeren Bedarf, d. h. einen Garten hat, stellt schnell fest, daß 10 Pflanzen auf dem Beet kaum Wirkung erzielen, aber doch schon ein größeres Loch ins Budget reißen. Je größer der Garten, je größer der Pflanzenbedarf, desto überzeugender sprechen finanzielle Gründe für die eigene Anzucht.

Nicht nur Engländer würden »den Spaß an der Freude«, die Gelegenheit zum Hegen und zum Gärtnern, als hauptsächlichen Bewegungsgrund für die eigene Aussaat nennen. Wo sonst kann man sich so leicht und preisgünstig lang währende Erfolgserlebnisse verschaffen? Die Saatgutangebote sind heute überdies so reichhaltig wie nie. Das Pflanzenangebot ist zwar verbessert, aber dennoch viel kleiner und auf gängige Artikel beschränkt. Spezielle Wünsche bleiben oftmals nur über die Saattüte erfüllbar.

Botanik

Der Samen – Botanik und Aufbau

Die Bestäubung

Pflanzen sind in der Lage, sich auf zweierlei Art fortzupflanzen: auf vegetativem Wege, d. h. durch Stecklinge, Knollen, Zwiebeln, Rhizome, Wurzelschnittlinge, Teilung, Absenker usw., oder auf geschlechtlichem (generativem) Wege durch den Samen. Der Samen entsteht innerhalb einer befruchteten Blüte. Der Blütenaufbau zeigt ihre männlichen Teile, nämlich auf Stielen (Filamenten) stehend die Staubgefäße (Antheren), die den Pollen (Sperma)

enthalten. Die weiblichen Blütenteile bestehen aus der Narbe (Stigma), einem Stiel (Griffel) und dem Eierstock (Ovarium) mit dem darin befindlichen Ei. Nach der Übertragung des Pollens auf die Narbe entwickelt sich ein schmaler Schlauch, in dem das Sperma durch Narbe und Griffel dem Ei entgegenwächst und sich mit ihm am Eingang des Ovariums vereinigt. Die Befruchtung hat stattgefunden, die Entwicklung des Samens kann beginnen.

Gegen eine Selbstbestäubung (die Samenanlage wird von Pollen derselben Blüte bestäubt) hat die Natur bei vielen Pflanzenarten Sperren

Das Samenkorn – Aufbau und Keimung

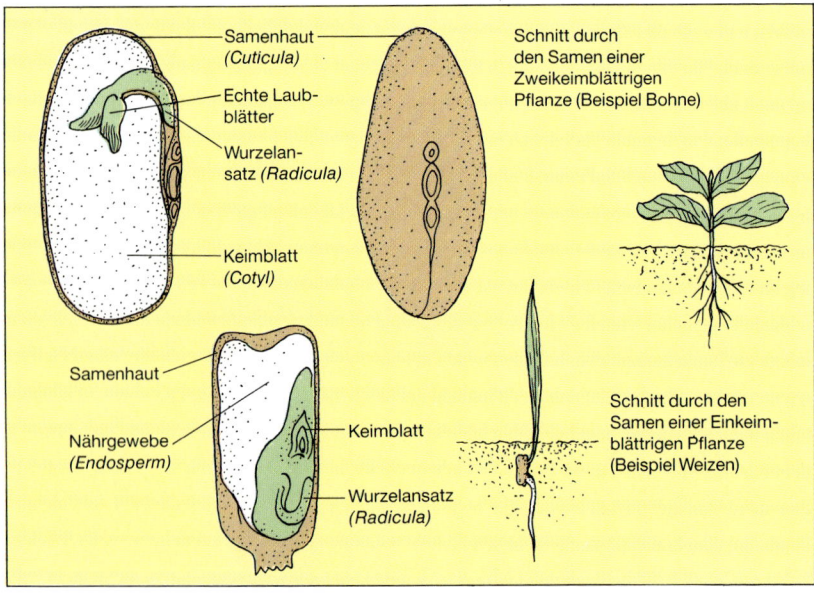

Samenhaut (Cuticula)

Echte Laubblätter

Wurzelansatz (Radicula)

Keimblatt (Cotyl)

Schnitt durch den Samen einer Zweikeimblättrigen Pflanze (Beispiel Bohne)

Samenhaut

Nährgewebe (Endosperm)

Keimblatt

Wurzelansatz (Radicula)

Schnitt durch den Samen einer Einkeimblättrigen Pflanze (Beispiel Weizen)

Botanik

eingebaut. Die bevorzugte Befruchtung durch fremdes Sperma ist die Regel.

Bei den meisten Blütenpflanzen sind männliche und weibliche Organe dicht nebeneinander in der Blüte zu finden. Die Übertragung des Pollens geschieht durch Insekten (z. B. bei den Korbblütlern), durch den Wind (z. B. Gräser) oder durch Wasser (z. B. bei der Wasserpest).

Im Gegensatz dazu sind vor allem bei der Übertragungsart durch den Wind die männlichen Blütenorgane häufig deutlich getrennt von den weiblichen auf derselben Pflanze angeordnet (z. B. Mais) oder auf völlig verschiedenen Pflanzen zu finden (z. B. Spinat). Auch Gurken und Kürbisarten als Insektenbestäuber besitzen männliche und weibliche Blüten getrennt auf einer Pflanze. Neben der Fremdbestäubung mit dem Pollen unterschiedlicher Pflanzen kommt als weitere Form die Selbstbestäubung vor, z. B. bei Erbsen, Bohnen, Wicken, die alle zu der Familie der *Leguminosae,* Schmetterlingsblütler, gehören, und bei Tomaten, Auberginen, Orangen. Das Gelingen der Pollenübertragung hat unmittelbare positive Auswirkungen auf den Fruchtansatz und steigert damit auch den Ertrag der Kulturpflanzen. Tomaten und Auberginen beispielsweise sollte man schütteln, so daß der Pollen auf die Narbe fällt und der Fruchtansatz beginnt, und Mais benötigt

trockenes Wetter, damit der Pollen auf die Nachbarpflanzen fliegen kann. Bei Regenwetter sind die Kolben nur lückig mit Körnern besetzt.

Die Keimung

Der innerhalb einer Umhüllung (Samenkapsel, Frucht) heranwachsende Samen besitzt Erbeigenschaften beider Elternteile. Er ist ausgestattet mit den Erbinformationen (Genen) für Wuchs, Blütenfarbe, Ertragsleistung, Fruchtform, -größe, Aroma usw. Zusätzlich enthält er Energie in Form von Kohlehydraten (Stärke), Fetten, Vitaminen und Spurenelementen, um den sprießenden Keimling so lange mit allem Notwendigen zu versorgen, bis er Wurzeln und Blätter entwickelt hat und auf eigenen Füßen stehen kann. Enzyme starten bei Zutritt von Feuchtigkeit, Wärme, Licht und Luft die Umwandlung von Stärke in Traubenzucker, der dann dem Embryo zur Verfügung steht.

Der Keimvorgang wird sichtbar, wenn die Samenschale platzt, der Vegetationskegel mit den Keimblättern erscheint und sich gleichzeitig die Wurzelanlage entwickelt. Die Familie der Gräser bringt nur 1 Keimblatt hervor. Wir sprechen dabei von Einkeimblättrigen (Monocotyledonen). Die Mehrzahl der anderen Pflanzenarten besitzt jedoch 2 Keimblätter (Zweikeimblättrige = Dicotyledonen). Wenn die ersten echten Laubblätter erscheinen, ist der Keimvorgang beendet.

Züchtung und Samenbau

Samen züchten und erzeugen

Der Begriff »Züchten« wird im allgemeinen Sprachgebrauch immer nachlässiger gehandhabt: »Züchten Sie selbst Pilze …«, »Adenauer war ein großer Rosenzüchter …« War er das wirklich? Nein, er liebte Rosen, kultivierte viele davon in seinem Garten, zog sie aus kleinsten Anfängen heran, veredelte sie auch auf Unterlagen. Es ist jedoch nicht bekannt, daß er nach den Mendelschen Gesetzen neue Sorten entwickelte, ebensowenig wie einer, der in seinem Garten Pilze heranzieht, bereits in die Vererbung eingreift.

Züchtung bedeutet gewolltes, planmäßiges Erkennen und Verändern der erblich bedingten natürlichen Gegebenheiten. Früher vollzog sich diese Tätigkeit mehr oder weniger instinktiv. Erst seit der böhmische Abt Gregor Mendel (1822–1884) die Gesetzmäßigkeit der Vererbung entdeckte, weiß der Züchter, was er tut, und kann planmäßig vorgehen.

Aus der Geschichte der Züchtung

Aus Darwins Lehre wissen wir, daß in der Natur eine ständige Auslese unter den Individuen stattfindet. Es überleben nur die, die ihrer Umwelt am besten angepaßt sind. Bleibende, genetisch bedingte Abweichungen von der Norm treten seit Urzeiten immer wieder neu auf – ausgelöst durch Einflüsse wie die natürliche radioaktive Strahlung, Schocks, Hormone oder Gifte (wie z. B. Colchizin, das Gift der Herbstzeitlose) oder durch Einkreuzungen mit verwandten Arten.

Irgendwann haben unsere Vorfahren begonnen, Pflanzen oder Tiere, die ihnen durch positive Eigenschaften auffielen, auszusondern und von ihnen eine spezielle Nachkommenschaft zu gewinnen. (Nichts anderes macht man im Prinzip bei der Auslesezüchtung auch heute noch.)

Seit Camerarius (1665–1721) wußte man, daß auch Pflanzen ein Geschlechtsleben führen. Um 1800 wurden planmäßig Kreuzungen und Auslesen durchgeführt. In Quedlinburg bei Dippe und fast zur gleichen Zeit auch in Paris bei Vilmorin entstanden z. B. die Zuckerrüben – Grundlage für eine rasch aufblühende Industrie.

Viele Versuche wurden angestellt, um hinter die Wirkungsweise der Vererbung zu kommen. Sie führten zunächst alle in die Irre. Züchtungsergebnisse blieben mehr oder weniger Zufallsergebnisse, bis Mendel am Beispiel von Erbsen und der Wunderblume *(Mirabilis)* belegen konnte, wie die wichtigsten Erbgänge lauten. Es dauerte jedoch nach Mendels Entdeckungen noch Jahrzehnte, bis Wissenschaftler den Wert von Mendels Erkenntnissen zu schätzen lernten und seine Forschungen Eingang in die praktische Arbeit der Pflanzenzüchter fanden.

Wie sind derartige Blütenfärbungen möglich? Mendel erforschte das an der Wunderblume.

Rosenkohl mit Kopfkohl kombiniert: Beispiel für eine Artenkreuzung.

Heute ist daraus eine komplizierte Wissenschaft geworden, denn ganz so einfach, wie sich die Materie bei Mendel darstellte, erwies sie sich in der Folgezeit doch nicht.

Die Mendelschen Vererbungsgesetze

Wer nicht nur Pflanzen heranziehen, sondern selbst in die Wahl der Befruchtungspartner eingreifen, also »züchten« will und Samen erzeugt, muß über die Besonderheiten der Botanik und über die Mendelschen Gesetze genauestens Bescheid wissen.

Das 1. Mendelsche Gesetz
Nach ihm entsteht eine »F 1 Hybride« (Hybridzüchtung):
»Eine reinerbige Sorte als Mutter wird mit einer andersartigen Vatersorte gekreuzt. Das Ergebnis: In der ersten Tochtergeneration entstehen völlig einheitliche, gleich aussehende Pflanzen.« Mendels Versuchspflanzen waren z. B. Wunderblumen. Kreuzt man eine weißblühende Sorte mit einer roten, so haben *alle* Nachkommen rosafarbige Blüten. Diese Nachkommenschaft wird heute allgemein als »F 1 Hybride« (lateinisch filia = Tochter) bezeichnet. Die F 1 Hybride übertrifft in der Regel die Elternsorten in Wuchsleistung, Zahl der Blüten und Früchte, Qualität und Gesundheit.

Bevor die zwei Elternsorten miteinander gekreuzt werden, wird jede der beiden Sorten mehrere Jahre lang mit sich selbst bestäubt, man nennt diesen Vorgang Inzucht. Die Inzucht bewirkt, daß sich die Erbeigenschaften der Sorten festigen, die Pflanzen sind dann »reinerbig«. Reinerbige Sorten erkennt man daran, daß alle Nachkommen die Eigenschaften der Eltern besitzen. Mischerbige Eltern erzeugen dagegen Nachkommen mit vielen verschiedenen Eigenschaften, man sagt: diese Nachkommenschaften »spalten auf«. Es hat daher keinen Sinn, hiervon Samen zu ernten. Die Kreuzung zweier reinerbiger Eltern zur F 1 Hybride (Hybridkreuzung) muß zur Saatguterzeugung immer wieder neu durchgeführt werden, oft in mühsamer Handarbeit, was den höheren Preis des Samens erklärt. Das F 1 Hybridverfahren erlaubt aber fast »im Baukastensystem« die planmäßige Einkreuzung verschiedenster erwünschter Eigenschaften, z. B. kann man gegen Krankheiten widerstandsfähige Wildformen in Kultursorten einkreuzen und erhält so widerstandsfähige (resistente) Kulturpflanzen. Eine F 1 Hybride ist aber nicht beständig: Sät man ihren Samen aus, bekommt man ganz verschiedene Nachkommen; die Vererbung nach Mendel wird sichtbar, die Nachkommen »spalten auf«.

Das 2. Mendelsche Gesetz

Nach ihm entsteht eine stabile und »samenfeste« Sorte (Kombinationszüchtung):
»Kreuzt man die Pflanzen der 1. Filialgeneration, die nach dem 1. Mendelschen Gesetz ja alle gleich sind (F 1 Hybride), miteinander, erzeugt davon Saatgut und sät es aus, bleiben die Merkmale nicht einheitlich erhalten, sondern spalten in ganz bestimmten Zahlenverhältnissen auf.« Mendel fand auch heraus, daß einige Eigenschaften vorherrschend (dominant) weitergegeben werden, also andere (rezessive) verdecken und überlagern. Die Vererbung erfolgt dabei in der 2. Filialgeneration (F_2) im statistischen Verhältnis von

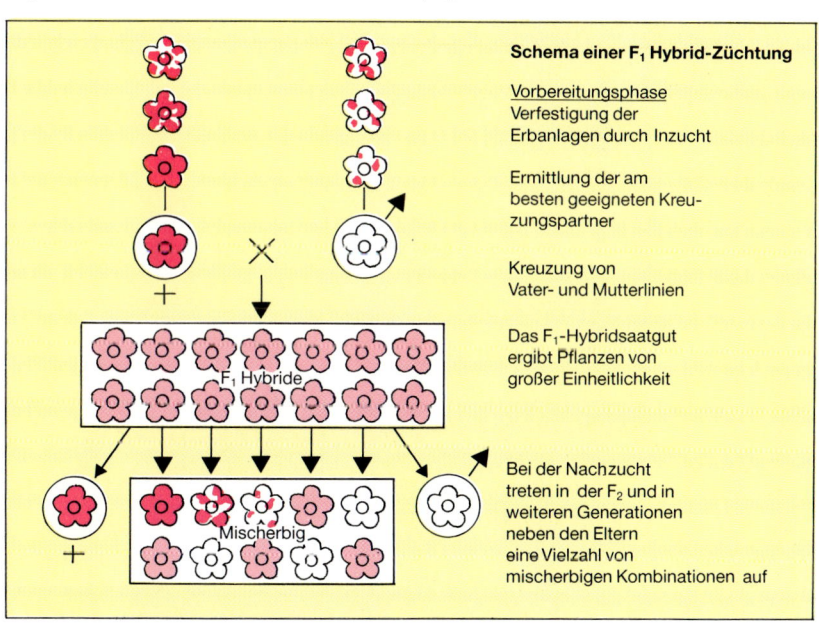

Schema einer F_1 Hybrid-Züchtung

Vorbereitungsphase
Verfestigung der
Erbanlagen durch Inzucht

Ermittlung der am
besten geeigneten Kreuzungspartner

Kreuzung von
Vater- und Mutterlinien

Das F_1-Hybridsaatgut
ergibt Pflanzen von
großer Einheitlichkeit

Bei der Nachzucht
treten in der F_2 und in
weiteren Generationen
neben den Eltern
eine Vielzahl von
mischerbigen Kombinationen auf

F_1 Hybride

Mischerbig

Züchtung und Samenbau

ungefähr 3 : 1 ($^3/_4$ der Pflanzen zeigen die dominante Eigenschaft, $^1/_4$ die rezessive). Wenn die Eigenschaften dagegen gleich stark weitervererbt werden, fällt in der F_2 das Spaltungsverhältnis 1 : 2 : 1 aus. ($^1/_4$ gleicht dem Vater der F_1, also dem »Großvater«, $^2/_4$ sehen aus wie die Eltern und $^1/_4$ gleicht der »Großmutter«.)

Methoden der Züchtung

Da ein Lebewesen aus vielen Eigenschaften besteht, treten bei Nachkommen spätestens die 2. Generation eine Menge neuer Kombinationen auf. Der »Eltern-Typ« wird wieder sichtbar, des weiteren eine Vielzahl von mischerbigen Pflanzen mit unterschiedlichem Aussehen – aber auch völlig neue Kombinationen treten auf. Diese gilt es in den folgenden Jahren immer wieder auf ihre Eignung als Kultursorte zu überprüfen und ihre eventuelle Reinerbigkeit festzustellen, was nur über einen umfangreichen, viele Jahre dauernden Versuchsanbau möglich ist.

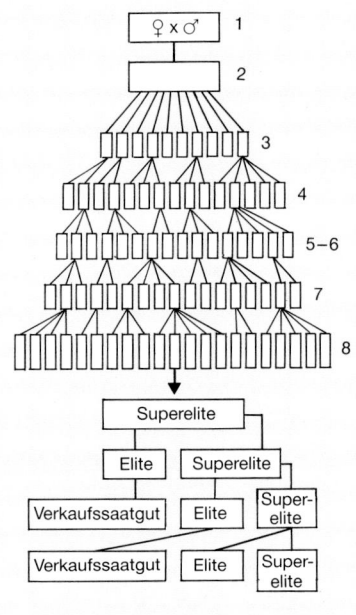

Neuzucht einer herkömmlichen Sorte

1. Jahr Auswahl mehrerer Kreuzungspartner, Kreuzung.

2. Jahr F_1-Generation. Diese Pflanzen sind nur äußerlich gleichmäßig, genetisch aber nicht stabil.

3. Jahr F_2-Generation. Die Nachkommenschaft spaltet auf. Die unterschiedlichsten Kombinationen werden sichtbar. Davon ist nur ein geringer Prozentsatz genetisch stabil – es muß Auslese betrieben werden.

4.–6. Jahr F_3, F_4 und F_5-Generation: Auslese und Prüfung. Die genetisch stabilen Typen werden allmählich sichtbar.

7. Jahr Leistungsprüfung im Vergleich zu bereits bestehenden Sorten. Der beste Stamm wird ermittelt. Er ist jetzt reinerbig und spaltet nicht mehr auf.

8. Jahr Samenerzeugung: Erzeugung des Superelitesaatgutes.

9. Jahr Erzeugung des Elite (=Vorstufen-) saatgutes. Anmeldung der Neuzucht beim Bundessortenamt und erste Prüfung.

10. Jahr Nach nochmaliger Prüfung Erteilung des Sortenschutzes. Erzeugung von Verkaufssaatgut.

11. Jahr Die neue Sorte erscheint auf dem Markt.

Bei 2jährigen Pflanzenarten (z.B. Kohlarten, Porree, Möhren) dauert die Züchtung die doppelte Anzahl der Jahre.

Züchtung und Samenbau

Bei Möhren, Kohl und anderen Arten, die erst im 2. Jahr nach einer Überwinterung blühen und Samen ergeben, dauert dieser Prozeß über 20–25 Jahre. Am Ende aller Mühen steht eine Sorte mit gewünschten Eigenschaften. Sie vererbt ihre Eigenschaften stabil (»samenfest«). Die älteste, immer noch praktizierte Züchtungsmethode ist die Auslese (Selektion), also die Verstärkung und bessere Ausprägung bereits vorhandener Merkmale.

Neue Merkmalskombinationen werden mit der Kombinationszüchtung bzw. der Hybridzüchtung (s. S. 12) erreicht. Mit diesen bislang üblichen, langwierigen Methoden sind fast alle unsere Sorten entstanden. Bis heute kann der Mensch immer noch nur nach den Spielregeln der Natur vorgehen, sie nachahmen und innerhalb des gegebenen Rahmens nach neuen Kombinationen suchen, die in der Natur im Prinzip auch hätten entstehen können.

Was bringt die Gentechnologie?

Erst die Gentechnologie, deren erste Ergebnisse jetzt sichtbar werden, geht einen Schritt weiter. Ließen sich bislang nur nahe verwandte Arten über Pollen und Ei paaren, so verschmilzt man bei dieser Technik jetzt Zellen gänzlich unterschiedlicher oder weitläufig verwandter Arten miteinander auf künstlichem Wege (Zellfusion). Beispiel: Tomoffel – eine völlig neue Pflanze mit dem Wuchs einer To-

Knöllchenbakterien an Lupine. Versorgen sich bald alle Pflanzen selbst mit Stickstoff?

mate, aber mit den unterirdischen Knollen einer Kartoffel.

Mit Methoden der Gentechnologie versucht man auch Teile der Erbschleifen (Chromosomen), die aus einer Vielzahl von Genen bestehen, in fremde Chromosomen zu übertragen, also Erbanlagen gezielt zu verändern, so daß auch völlig neue Kombinationen mit bislang unmöglichen Eigenschaften entstehen.

Wann die ersten höheren Pflanzen aus diesen Arbeiten präsentiert werden, ist schon abzusehen, in naher Zukunft. Sie werden mit Sicherheit jedoch zuerst nicht bei Gemüse oder Blumen fällig, sondern bei landwirtschaftlich nutzbaren Pflanzen.

Ein erklärtes Fernziel ist es z. B., die Fähigkeit der Leguminosen, Stickstoff aus der Luft zu sammeln und für ihre Ernährung zu nutzen, auf andere Nahrungspflanzen (wie z. B.

Züchtung und Samenbau

Getreide) zu übertragen. Stickstofffabriken, hoher Energieaufwand, grundwasserbelastende Stickstoffdüngung und die Ausgaben dafür würden damit überflüssig. Die Pflanzen könnten sich selbst mit dem wichtigsten Pflanzennährstoff versorgen.

Bislang handelt es sich in der Gentechnik ausschließlich um Grundlagenforschung, die einen sehr hohen Forschungsaufwand fordert, wie ihn private Pflanzenzüchter nicht bezahlen können. Aus diesem Grund vollzieht sich die Forschung in staatlichen Instituten oder in den Labors finanzkräftiger Konzerne, die in den vergangenen Jahren verstärkt Saatgutfirmen aufkauften. Diese neuen Möglichkeiten müssen aber nach wie vor in bestehende Pflanzenarten und Sorten eingefügt werden, so daß sich erst daraus für den Verbraucher ein Nutzen ergibt.

Noch immer gibt es persönliche Beratung beim Sameneinkauf.

Aufpassen beim Samenkauf

Kleine Ursache – große Wirkung. Eines der preisgünstigsten Hilfsmittel im Garten, der Samen, bestimmt ganz entscheidend den Erfolg aller Mühen. Deshalb ist es besonders wichtig, das bestmögliche Saatgut zu erwerben. Hier zu sparen lohnt sich wirklich nicht. Alle anderen Hilfsmittel wie Boden, Düngung, Bewässerung und Pflege können zwar das Gedeihen der Pflanzen fördern, verbessern und Ihnen zu einem optimalen Erfolg verhelfen. Die erblich bedingten Qualitäten der Pflanzenart und -sorte, die mit dem Saatgut weitergegeben werden, stehen aber von Anfang an fest und sind mit keinem noch so großen Pflegeaufwand zu verbessern.

Die meisten Gartenbesitzer sind zunächst zufrieden, wenn der Samen gut keimt. Aber dies darf nicht genug sein! Die aufwachsenden Pflanzen sollten vielmehr dem neuesten Stand der Züchtung entsprechen. Veraltete Sorten kaufen heißt auf mögliche Vorteile verzichten, sich unnötige Arbeit aufhalsen, Pflanzenschutzmaßnahmen durchführen, auf die man längst verzichten könnte. Gute Züchtungen müssen widerstandsfähig gegen Krankheiten sein, zu unserem Klima passen, sich ertragreich und blühwillig zeigen. Von den Früchten erwarten wir Geschmack und möglichst viele Vitamine, lange Erntezeit mit möglichst wenig Qualitätsverlust. Lesen Sie daher aufmerksam die Kataloge und Tütentexte, meist sind die Eigenschaften der Sorten ausreichend beschrieben. Falls nicht, fragen Sie beim Einkauf das Fachpersonal. Auf Erfahrungen in ihrem Gebiet mit den Sorten wird man Sie hinweisen und vor Enttäuschungen bewahren. Ihr Fachhändler berät Sie gern.

Was ist eine Sorte?

Bevor wir uns intensiver mit den Ergebnissen züchterischer Arbeit beschäftigen, gibt es einige Begriffe zu klären. Die Lebewesen werden zunächst in Arten unterschieden (z. B. Rind, Schwein; Weizen, Gerste; Sonnenblumen, Margeriten; Kohl, Spinat usw. mit entsprechenden Unterarten, z. B. Blumenkohl, Weißkohl, Wirsingkohl, Grünkohl). Die Natur hat die Kreuzung von Arten mit sehr unterschiedlichen Erbanlagen in nahezu allen Fällen unmöglich gemacht. Ausnahmen gibt es, z. B. Pferd × Esel = Maultier, das allerdings nicht fortpflanzungsfähig ist.

Gehen wir weiter ins Detail, stoßen wir auf den Begriff der »Sorte« (bei Tieren Rasse). Sorten sind das Ergebnis züchterischer Bemühungen und als solche einem speziellen Bedarf oder gewünschten Zweck an-

gepaßt (z. B. hoch- oder niedrigwachsend, früh- oder spätblühend, für maschinelle Ernte geeignet oder auf eine lange Erntezeit ausgerichtet, zum Tiefgefrieren geeignet oder zum Konservieren im Glas).

Verschiedene Sorten sind viel näher miteinander verwandt als unterschiedliche Pflanzenarten. Sie lassen sich daher meist gut untereinander kreuzen. Das Ergebnis sind bei gezielter Züchtung neue, verbesserte Sorten.

Herkunftsbezeichnungen älterer Land- oder Gruppensorten weisen darauf hin, daß sie früher durch langjährige Auslese entstanden, z. B. Möhren 'Nantaise' (nach der Stadt Nantes), Grünkohl 'Westländer' (nach dem holländischen Gebiet Westland), Petersilienwurzeln 'Lange glatte Bardowicker' (nach dem Ort Bardowick).

Neuere Sorten tragen Namen, die der Züchter gibt, die aber behördlich genehmigt sein müssen (z. B. Radies 'Parat', Stangenbohnen 'Neckarkönigin'). Noch feinere Unterschiede werden in – ebenfalls registrierten – Stämmen der Spezialzucht deutlich (z. B. Möhren 'Nantaise Frühbund').

Aktuelle Zuchtziele

Die wichtigsten Zuchtziele bei Gemüsesorten wurden lange bevor die Begriffe »Bio« und »Ökologie« Popularität erlangten, in Angriff genommen. Durch Einkreuzung von Widerstandsfähigkeiten (Resisten-

Züchtung und Samenbau

Vorteile einer F_1-Hybride: erheblich größere Blüten bei *Tagetes* (Studentenblume).

Spinatsorten ohne männliche Schosser bleiben länger erntefähig.

zen) gegen Pflanzenkrankheiten (wie z. B. Mehltau und Virus bei Salat, Spinat und Gurken; gegen Brenn- und Fettflecken bei Bohnen sowie gegen die Fusariumwelkekrankheit bei Erbsen und Astern) werden Pflanzenschutzmaßnahmen zunehmend überflüssig. Neuere Arbeiten werden schon in naher Zukunft Sorten auf den Markt bringen, die auch gegen tierische Schädlinge immun sind: z. B. Kohlsorten, die durch eine andersgeartete Blattoberfläche den Kohlweißlingsschmetterling in die Irre leiten. Es erfolgt keine Eiablage mehr, demzufolge werden diese Pflanzen nicht mehr von den Raupen gefressen. Wurzellausresistente Salatsorten gibt es bereits (z. B. Eissalat 'Avonpearl', 'Avonresist' u. a.). Blattlausresistente Salatsorten sind im Anmarsch, ebenso wie Tomaten, die durch längere Blatthaare Milben und Läuse am Aussaugen der Zellen hindern. Nematoden, auch Fadenwürmer genannt, sind ein Pro-

blem in vielen Gärten und Feldern (s. S. 71). An Nematoden-resistenten Möhrensorten wird gearbeitet. Nematoden-resistente Kartoffeln gibt es bereits in mehreren Sorten. Ebenso Gründüngungspflanzen, die Nematoden wegfangen und damit beseitigen können (z. B. Ölrettich 'Silettina', 'Pegletta', Gelbsenf 'Maxi').

Weitere Zuchtziele sind Qualitätsverbesserungen (z. B. mehr Aroma bei Kräutern, besserer Geschmack bei Möhren, Erbsen, Bohnen und Tomaten) und Verlängerung der Erntezeit.

Die Verbesserung der Ertragsleistung wird durch die Auswahl herausragender Pflanzen in sogenannten Leistungsprüfungen erreicht. Häufig jedoch auch durch das Ausnutzen botanischer, aber natürlicher Abweichungen von der üblichen Norm.

Bei Spinat erzielte man dies mit Hilfe von monözischen (einhäusigen) Sorten (z. B. 'Monnopa', 'Wire-

Moderne Gurkensorten besitzen fast nur noch weibliche Blüten. Hierdurch steigt der Ertrag.

Verbesserung der alten Bohnensorte 'Saxa', rechts 'Dufrix' mit besserer Qualität.

mona'). Sie bestehen nicht mehr aus männlichen und weiblichen Pflanzen, sondern aus Zwittern mit weiblichen Wuchs- und Ernteeigenschaften. Dadurch schießen sie nicht so schnell, und man kann sie bedeutend später ernten.

Ähnliche Veränderungen ergaben sich auch bei der Gurke. Gurkengewächse besitzen ca. $\frac{2}{3}$ männliche Blüten, von denen Insekten den Blütenstaub zur Bestäubung sammeln, und ca. $\frac{1}{3}$ weibliche, die einen Fruchtknoten tragen. Letztere allein sind maßgeblich für das Ernteergebnis. Verringert man die Zahl männlicher Blüten oder können sie gar ganz entfallen, steigert sich der Ertrag ganz erheblich. Moderne Gurkensorten sind nicht nur rein weiblich, sondern auch noch jungfernfrüchtig (parthenocarp), d. h., ohne Bestäubung werden Früchte gebildet. Sie sind ohne Samenanlagen – ein Qualitätsvorteil – wie bei kernlosen Bananen und Apfelsinen. Fast alle Schlangengurken fürs Ge-

wächshaus, aber auch einige Freilandschlangengurken (z. B. 'Aries', 'Petita', 'Femdan' – alles F 1 Hybriden) und Einlegegurken ('Anka', 'Osiris' – alles F 1 Hybriden) besitzen diese Eigenschaften. Neue Schlangengurken könnten bis zu 180 Früchte hervorbringen, falls sie nicht geschnitten würden. Der Schnitt bringt Fruchtausbildung, Wurzelsystem und Blattzahl in ein ausgewogenes Verhältnis. Das Beispiel ist theoretisch, denn zahllose Früchte würden braun und wieder abgestoßen, weil die Pflanze überfordert ist. Dennoch: 25–30 Schlangengurken je Pflanze waren vor 20 Jahren noch nicht möglich. Ebenso aufschlußreich ist dieser Vergleich bei Einlegegurken: alte Sorte 'Delikateß' 2,5 kg/m², neue Sorte 'Tomara F 1 Hybride' 5,5 kg/m². Die neue Sorte ist darüberhinaus bitterstoff-frei, mehltauresistent, krätzeresistent, virusresistent! Bei Blumen geht die Entwicklung zu immer länger blühenden pflege-

Züchtung und Samenbau

Amaryllis eignen sich zum Selberkreuzen. Neue Sorten sind das Ergebnis.

Samen selber anbauen und züchten

Früher war es allgemein üblich, daß Bauersfrauen und Gartenbesitzer einige Pflanzen für die nächstjährige Saat stehen ließen. Meist wurden nur Artikel, die 2jährig, also erst im folgenden Jahr Samen ergaben und schwierig zu erzeugen waren, von Samenhändlern dazugekauft. Teilweise, wenn auch in weit geringerem Maße, wird die Samenerzeugung für den eigenen Garten heute noch ausgeübt. Für den Eigenbedarf ist dieses durchaus legal (s. S. 27).

leichten, kompakten, flächendeckenden Pflanzen mit größeren Blüten. Bevorzugte Zuchtobjekte sind Studentenblumen *(Tagetes)*, Fleißiges Lieschen *(Impatiens)*, Nelken *(Dianthus)*, Ringelblumen *(Calendula)*, Petunien und Geranien *(Pelargonium).* Ähnlich wie bei den Rosen- und Staudenbewertungen gibt es hier eine internationale Organisation, die Fleuro-Selekt, die in 22 europäischen Prüfgärten neue Züchtungen testet. Die besten von ihnen werden mit einer Medaille ausgezeichnet und sind bei Erscheinen bereits auf ihren Gartenwert hin untersucht.
Die Kataloge sind voller Züchtungen mit interessanten neuen Eigenschaften – ein aufmerksames Studium vor dem Einkaufen lohnt sich!

Neben einigen Stauden- und Blumensamen werden vor allem Selbstbestäuber wie Busch- und Stangenbohnen und Erbsen bevorzugt. Möhren, Kohl und Kresse lohnen kaum die Arbeit. Auch sonst dürfte der wirtschaftliche Vorteil nicht groß sein. Im heimischen Klima ist es zudem unvermeidlich, daß samenübertragbare Pflanzenkrankheiten auftreten. Vielleicht macht es Ihnen jedoch Spaß, die Entwicklung zum Saatgut weiterzuverfolgen. Hierfür einige Ratschläge: Lassen Sie den Samen auf der Pflanze ausreifen. Genaue Betrachtung und etwas praktische Erfahrung lassen bald den optimalen Zeitpunkt zur Samenernte erkennen. Blütenstände, die sich dem Himmel und damit dem Regen entgegenstrecken, muß man eventuell mit einer Plastikplane überbauen.

Züchtung und Samenbau

Korbblütler wie Astern, Studentenblumen oder Salat sind bei reichlichen Niederschlägen besonders gefährdet. Kennzeichnen Sie für die Saatgewinnung gedachte Pflanzen schon bei Beginn der Ernte. Nehmen Sie dafür nur Pflanzen mit guten Eigenschaften. Samen von »übriggebliebenen« Pflanzen führt auf Dauer zu einer negativen Auslese, der Erntebeginn verzögert sich allmählich, die Sorte »baut ab«.
Ernten Sie die abgereiften Pflanzen (aber nicht bei Regen), bündeln Sie sie, und hängen Sie die Bündel zum Abtrocknen an einem geschützten, luftigen Platz auf. Nicht aufeinander packen! Die weiteren Arbeiten haben Zeit bis zum Spätherbst oder Winter.
Durch Dreschen mit einem Knüppel auf hartem Untergrund, Reiben oder Auspalen lösen sich die Samen. Ein Sieb sondert schnell die Spreu ab. Den nun schon weitgehend sauberen Samen können Sie durch vorsichtiges Ausschwingen in einer Molle, in einem Rundsieb oder schlicht durch Pusten oder Anblasen mit einem Blasebalg oder Haartrockner (»kalt« einstellen!) bzw. Verlesen von Hand weiter säubern. Zu kleine, sogenannte »Schmachtkörner« müssen Sie in Kauf nehmen. Ihre Aussonderung erfordert

Oben: Rittersporn, Judassilberling und Mohn in Bündeln aufgehängt.

Unten: Bohnen trocknen am besten in einem Kartoffelsack.

Samenkulturen von Möhren und Porree bei Cesena/Italien.

technischen, professionellen Aufwand. Die Keimfähigkeit wird nicht immer hoch sein. Sie können sie leicht selbst ermitteln (s. S. 32).
Viel Spaß macht es, selber zu züchten. Zwiebelblumen, Kakteen und Zimmerpflanzen sind dankbare Objekte, die oft interessante Ergebnisse hervorbringen.
Für seriöse, dauerhafte Kombinationen müssen Sie die Vererbungsgewohnheiten der betreffenden Pflanze und die Mendelschen Gesetze kennen, ferner botanische Besonderheiten. Als Handwerkszeug genügen Pinsel, Pinzette, Pergamentbeutel zum Schutz der bestäubten Blüten und eventuell Etiketten zum Notieren wichtiger Daten. Keinen Zweck hat es, von F 1 Hybriden Saatgut ziehen zu wollen. Sie sind entweder (wie großblumige Studentenblumen) steril oder spalten auf.

Der Weg des Saatgutes

Geschichtliches
Nennenswerte Ergebnisse planmäßiger Züchtung begannen sich bei Gemüse- und Blumensamen erst kurz vor dem 2. Weltkrieg durchzusetzen. Nach dem Kriege setzte eine sprunghafte Entwicklung von Neuzüchtungen weltweit ein, teils in

Züchtung und Samenbau

staatlichen Forschungsanstalten, teils in privaten Firmen. Gleichzeitig verlagerte sich die Saatguterzeugung in klimatisch begünstigte Länder, den erhöhten Ansprüchen der Verbraucher entsprechend und als Folge der politischen Veränderung im Ostblock.

Damit unterscheidet sich die heute übliche Samenerzeugung bedeutend von vorher üblichen Methoden. Schon in frühesten Zeiten zählten Samen aus fremden Ländern zu den wichtigsten Handelsgütern und zu den bevorzugten Mitbringseln bei Entdeckungsreisen. Manche Expedition wurde sogar speziell zum Sammeln neuer Pflanzen und Samen unternommen. Berühmt wurden z. B. Captain Cooks Fahrten in die Südsee. Nur wenige Gemüse, Kräuter und Blumen waren, weil bei uns heimisch, schon den Germanen bekannt. Ihr Speisezettel muß recht einförmig gewesen sein. Abwechslung, Import weiterer Arten und Kenntnisse über Anbau und Verwertung bauten sich erst im Laufe von Jahrhunderten auf. Griechen und Römer kultivierten bereits viele Arten aus dem Mittelmeerraum, Kleinasien und Nordafrika. Sie trieben Handelsaustausch mit asiatischen und zentralafrikanischen Königreichen. Auf diese Weise gelangten z. B. die Gurken und einige Kürbisgewächse aus Afrika und dem Fernen Osten nach Europa.

Aus der Neuen Welt kamen Pflanzen wie Mais, Kürbis, Bohnen, Sonnenblumen, Tomaten, Kartoffeln. Sie erregten Aufsehen, verbreiteten sich aber erst nach und nach durch Klöster und Fürstenhöfe in deutschen Gärten. Die uns so geläufige Tomate wurde sogar erst zwischen 1920 und 1930 populär, Zucchini und Eissalat nach 1970. Noch immer hält der Zustrom »neuer« Gemüse und Blumenarten an.

Das meiste Saatgut erhielten (=»vermehrten«) Bauern und Gartenbesitzer früher durch Eigenproduktion. Nur wenig kaufte man von durchreisenden Samenkaufleuten zu, insbesondere Heil- und Küchenkräuter. Salz war teuer, das Essen sollte trotzdem schmecken, Würzkräuter waren daher gefragt. Eine »chemische Industrie«, die uns heute mit wirkungsvollen Medikamenten versorgt, gab es noch nicht. Infolgedessen war Samen von Heilpflanzen ein kostbares Gut, das über weite Entfernungen seinen Absatz fand. Zentren der Samenerzeugung entstanden, sie wurden später zum Ausgangspunkt züchterischer Entwicklungen. Ein Beispiel dafür ist der Klostergarten der Äbtissinnen von Quedlinburg, im Regenschatten des Harzes gelegen, der 1788 in die private Regie des Gärtners Samuel Lorenz Ziemann überging. Bei ihm lernten zahlreiche spätere Firmeninhaber aus dem Erfurter und Quedlinburger Raum. Eine Samenerzeugung in einem günstigem Klima, weltweite Handelsbeziehungen, vor allem nach

Samenproduktion einer Tagetes F₁-Hybride in Kalifornien.

Osteuropa, und neue Pflanzenzüchtungen ließen bekannte Firmen entstehen: Dippe, van Waveren, Benary, Sperling, Haubner, Erfurter Samenzucht, Christensen, Sachs/Schreiber sind heute noch ein Begriff.

Der Verkauf spielte sich hauptsächlich auf dem Wochenmarkt ab. Aber auch der »Kiepenkerl«, der mit der Kiepe, dem Sack oder der Schubkarre voller Samen durch die Lande zog und Samen auslieferte, war eine bekannte Figur. Einige Orte erlangten Berühmtheit als Zentren der Samenerzeugung und des Verkaufes: Quedlinburg für Gemüse, Kräuter und landwirtschaftliche Sämereien; Erfurt für Blumen; Bardowick bei Lüneburg beherbergte zeitweise mehr als 120 Familien, die von Samenerzeugung lebten; Altenkirchen im Westerwald, Kirchaich im Steigerwald und – heute noch voller Samenhändler – Gönningen bei Reutlingen. Gönninger Samenkaufleute unternahmen früher beschwerliche Reisen bis nach Ungarn, Moskau und St. Petersburg. Später gründeten sie Niederlassungen mit heute noch bekannten Namen wie Vatter, Wagner, Ziegler und Haubensak. Früher wurde aus heimischer Produktion alles verkauft, was auf den Markt gelangte. Gesetzlich geregelte Mindestkeimfähigkeiten wurden erst 1934 eingeführt.

Züchtung und Samenbau

Die heutige Saatgutproduktion

Heute ist die Samenerzeugung sehr stark international organisiert. Die für Deutschland wichtigen Produktionsgebiete in Thüringen, Sachsen und Schlesien fielen durch den Krieg weitgehend aus. Die Samenzüchter mußten sich neu orientieren. Sie züchten zwar weiter bei uns, erzeugen aber inzwischen Saatgut auf der ganzen Welt, je nachdem, wo das Klima optimale Reifebedingungen garantiert.

Vielfach sind die heutigen Samenanbaugebiete in Nord- und Mittelamerika oder in Entwicklungsländern wieder identisch mit der Heimat der jeweiligen Kulturpflanzen, so daß Veränderungen im Verhalten der Sorten in unseren Gärten nicht auftreten. Samen reisen um die ganze Welt, unsere Karte gibt einen Begriff davon.

Die Saatgutproduktion hat mit den steigenden Anforderungen der Verbraucher (siehe Saatgutformen) Schritt gehalten. Erzeugung und Vertrieb sind international eng verflochten, viele fremde Sortennamen und neue Gemüse und Blumensorten weisen darauf hin.

Die Saatguterzeugung vollzieht sich nach folgendem Schema: Wenn absehbar ist, daß eine neue Züchtung die Qualitäten besitzt, um auf dem Markt erfolgreich bestehen zu können, erfolgt parallel zur Anmeldung beim Bundessortenamt der Aufbau der sogenannten Saatgutvermehrung. Aus einer oder wenigen Pflanzen sollen letztendlich Tausende von Kilos Samen zur Verfügung stehen, um die erhoffte Nachfrage zu decken. Dies ist nur über mehrere Stufen möglich.

Der Züchter erzeugt eine Menge »Superelitesaatgut«. Daraus produzieren ein einheimischer Landwirt oder der Züchter selbst eine größere Menge »Elite-(oder Vorstufen-)Saatgut«. Die Produktion des zum Verkauf bestimmten Saatgutes erfolgt meistens bei Firmen oder Landwirten im Ausland, jedoch immer unter der strengen Aufsicht und im Vertrag mit dem Züchter. Damit wird sichergestellt, daß die Qualität der Sorte und die Keimfähigkeit den gestellten Anforderungen in der Bundesrepublik Deutschland genügen. Für diese Qualitätskontrolle sind verläßliche Organisationen, erfahrene Landwirte und viele Reisen der Züchter notwendig.

Blumenzüchtung *(Godetia):* Gute Pflanzen werden gegen weitere Bestäubung isoliert.

Züchtung und Samenbau

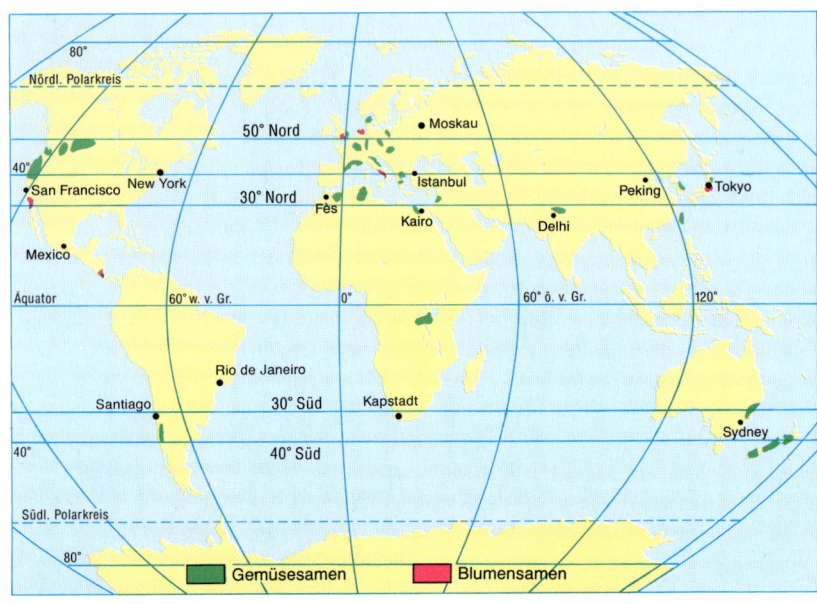

Viele Länder erzeugen Saatgut für Europas Gärten.

Ist der Samen mit Mähdreschern oder vielfach auch noch von Hand (z. B. bei Blumensamen, Bohnen, Kräutern) geerntet, erfolgt die Saatgutreinigung. Dabei werden Stengelteile, Erdbröckchen, Unkräuter und minderwertige Samengrößen ausgeschieden. Aus praktischen Erwägungen geschehen diese Arbeiten bereits im Produktionsland. Viele Samen (z. B. Buschbohnen) sind von fleißigen Helfern in Entwicklungsländern von Hand verlesen. Saatgut, das von den Züchtern abgenommen und in den Verkauf gebracht wird, keimt in der Regel 20–25% über der jeweiligen gesetzlichen Norm.

Samenhandlungen, Gartencenter und Gärtnereien verkaufen meist die direkt vom Züchter stammenden »Original-Züchterpackungen«. Daneben gibt es das System der Abpacker unter verschiedenen Handelsmarken. Der Samen wird alljährlich neu abgepackt in sogenannten »Kommissionstüten«, die jeweils zum Ende der Saison zurückgenommen und ausgetauscht werden.

Gesetzliche Regelungen

Samenzüchtung und Samenverkauf werden mit erheblichem Behördenaufwand staatlich nach EG-einheit-

Züchtung und Samenbau

lichen Regelungen überwacht. Da Samen überall angeboten wird, ist der Wettbewerb hart. Das Eigeninteresse der Lieferanten, nur einwandfreie Qualität zu liefern, ist folgerichtig hoch entwickelt. Bis eine Samenpartie in die Tüte gelangt, ist sie in der Regel 3–4mal, mitunter auch öfter, im Labor und in Erde getestet worden. Das scheint nicht immer so gewesen zu sein. Das Naturprodukt Samen wird – je nach klimatischen Bedingungen zur Reifezeit und nach Können der samenproduzierenden Gärtner und Bauern – in unterschiedlichen Qualitäten geerntet. Bis 1934 wurde verkauft, was die heimische Produktion ergab. Nicht immer waren die Verbraucher damit zufrieden. Ein Gesetz, mehrfach neueren Entwicklungen angeglichen, regelt nun Rechte und Pflichten im Vertrieb von Sämereien.

Hohen Ansprüchen der Verbraucher steht die Notwendigkeit gegenüber, den Züchtern für ihre kostspielige und langwierige Arbeit einen angemessenen Schutz vor unerlaubtem Nachbau der Sorten zu bieten. Beides regelt das EG-einheitlich abgestimmte »Saatgutverkehrsgesetz«, das in der BRD von den Landwirtschaftsministerien und Landwirtschaftskammern in Zusammenarbeit mit dem Bundessortenamt (Sitz Hannover) überwacht wird. Der Handel mit Saatgut gehört zu den am schärfsten geregelten Bereichen der Wirtschaft, zahlreiche Vorschriften nehmen Einfluß auf die kleinsten Einzelheiten wie z. B. Packungsbeschriftungen, Mischungen und Namensgebung.

Sortenzulassung und Sortenschutz

Nicht jede Züchtung gelangt auf den Markt. Ist sich der Züchter sicher, daß eine neue Sorte ausgereift ist und Vermarktungschancen besitzt, muß er die Zulassung zum Vertrieb und zum Sortenschutz beantragen. In 2jährigen (Landwirtschaft: 3jährigen) Vergleichsanbauten wird die neue Züchtung geprüft und festgestellt, ob sie sich tatsächlich von bereits bestehenden Sorten unterscheidet.

Bei landwirtschaftlichen Sorten wird zudem noch der »landeskulturelle Wert« geprüft, d. h., die neue Sorte muß in mindestens einer Eigenschaft auch noch deutlich besser sein als bereits zugelassene. Am Ende dieser Prüfungen steht der Sortenschutz, der es untersagt, ohne Einwirkung des Züchters von der Neuheit Samen zu erzeugen und zu vermarkten. Die Abnahme von Samen für den eigenen Bedarf ist dagegen gestattet, ebenso die Verwendung zum Einkreuzen und um neue Kombinationen zu finden. Auch eine Sorte muß durch immer wiederkehrende Korrekturen, durch Auslese nicht erwünschter Typen, davor bewahrt werden, abzubauen, zu verwildern. (Dieses Verfahren nennt man Erhaltungszucht.) Ge-

Züchtung und Samenbau

müsesaatgut wird nach EG-einheitlichen Regeln als »Standardsaatgut« (St) bezeichnet.

Das Saatgutverkehrsgesetz
Dem Verbraucher steht mit dem Erwerb einer Sorte auch das Recht auf deren Eigenschaften laut offizieller Beschreibung zu, d. h., nicht ausdrücklich gekennzeichneter Ersatz darf nicht verkauft werden. Die Echtheit der Sorten wird nach amtlicher routinemäßiger Kontrolle in Vergleichsanbauten nachgeprüft. Bei schwerwiegenden Verstößen kann der Vertrieb untersagt werden. Je mehr Vorteile eine Züchtung bringt, desto wichtiger wird gerade diese Bestimmung.
Zunächst jedoch muß das Saatgut keimen. An den Idealzustand, nämlich 100% Erfolg wie mit einem industriell hergestellten Produkt, ist zur Zeit noch nicht zu denken. Die höchstmögliche Sicherheit für die letzten 10–15% an Keimfähigkeit muß mit einem unverhältnismäßig hohen Aufwand für spezielle Kulturmethoden erkauft werden, die der Erwerbsanbau gewillt ist zu bezahlen, der Hobbygärtner jedoch noch nicht. Im allgemeinen ist dies auch nicht nötig, da die Aussaaten im Garten ohnehin meist zu dick ausfallen. Die gesetzlichen Mindestkeimfähigkeiten für die zugelassenen und der Nachkontrolle unterliegenden Gartensamenarten finden Sie in der Tabelle. Nicht enthaltene Arten unterliegen keiner Regelung.

Was steht auf der Samentüte?

Jetzt wird die Kennzeichnung wichtig, mit deren Hilfe sich der Weg der Saatgutpartie bis hin zum Vermehrer in Italien oder Tansania zurückverfolgen läßt. Jeder Abfüller muß sich kenntlich machen, entweder durch eine vollständige Adresse oder, wie üblich, durch eine Betriebskennnummer, die von der zuständigen Landwirtschaftskammer zugeteilt wird.
»St« bedeutet Standardsaatgut nach EG-Regelung. Die nächste Nummer ist die Partie-Nummer, die für eine Abpackung laut Kontrollbuch des Abfüllers für die Lieferung der Sorte in einer bestimmten Menge vom Erzeuger steht. Falls nicht bereits routinemäßig geschehen, kann man nun hiervon eine amtliche Probe ziehen und nachkontrollieren lassen. Außerdem muß das Abfülljahr kenntlich sein. Gebeiztes Saatgut darf nur mit zugelassenen Mitteln behandelt werden und muß entsprechend gekennzeichnet sein. Bei Grassamen müssen die Mischungen deutlich sichtbar und genehmigt sein.
Die Angaben der Art und Sorte müssen den Vorschriften entsprechen. Die Sorte muß zugelassen sein. Importe werden nur gestattet, wenn die Sorte in der EG-Sortenliste verzeichnet, d. h. in einem der EG-Mitgliedsländer zugelassen ist.

Züchtung und Samenbau

Anforderungen an die Beschaffenheit des Saatguts laut Saatgutverkehrsgesetz

Reinheit und Keimfähigkeit, allgemeine Mindestanforderungen

Art	Technische Mindest-reinheit (in % des Gewichts)	Höchstanteil an Körnern anderer Pflanzenarten (in % des Gewichts)	Mindest-keimfähig-keit (in % der reinen Körner oder Knäuel)
Zwiebeln	97	0,5	70
Porree	97	0,5	65
Sellerie	97	1	70
Rote Rübe	97	0,5	70
Kohlrabi, Grünkohl, Rotkohl, Weißkohl, Wirsing, Rosenkohl	97	1	75
Blumenkohl	97	1	75
Herbstrübe, Mairübe	97	1	80
Paprika	97	1	65
Winterendivie	95	0,5	65
Gurke	98	0,1	80
Gartenkürbis	98	0,1	75
Möhre	95	1	65
Salat	95	0,5	75
Tomate	97	0,5	75
Petersilie	97	1	65
Prunkbohne	98	0,1	80
Buschbohne, Stangenbohne	98	0,1	75
Gemüseerbse	98	0,1	80
Rettich, Radieschen	97	1	70
Schwarzwurzeln	95	1	70
Spinat	97	1	75
Feldsalat	95	1	65
Dicke Bohne (Puffbohne)	98	0,1	80

Die ölhaltigen Samen der Sonnenblume bleiben lange keimfähig.

Der Abfüller kann zusätzlich freiwillige Hinweise anbringen wie z. B. eine Haltbarkeitsgarantie, Angaben zur Verwendung der Sorte, Handelsmarken, Gebrauchsanweisungen, Inhaltsangaben usw., sofern diese nicht mit anderen Gesetzen kollidieren. Eine für den Verbraucher nützliche Angabe wäre die Zahl der enthaltenen Samen oder die Zahl der Pflanzen, die daraus erwächst. Eine Grammangabe nützt nicht viel, da die Samengewichte je nach Erntejahr um mehr als 100% schwanken können (siehe Tabelle S. 122).

Die stark unterschiedlichen Samengrößen mit den Extremen Prunkbohnen (sehr groß: 100 g enthalten ca. 30 Samen) und Begonien (sehr klein: 1 g enthält ca. 40 000 Samen) sind auch der Grund für die Größe der Tüten, die mitunter fast leer erscheinen. Es ist begreiflich, daß der Handel nicht mit Hunderten von unterschiedlichen Tütenformaten zurechtkommen und maßgeschneiderte Verpackungen für Petunien, Radieschen, Salat und Erbsen gleichermaßen anbieten kann. Insofern richten sich die Formate nach den größten Samen wie Bohnen, Erbsen, Stangenbohnen, Puffbohnen und höherwertige Züchtungen. Eine zweite kleinere Größe enthält den feineren Samen wie Möhren, Radieschen, Kohl.

Bei einigen Herstellern und in der Schweiz findet man auch andere Abmessungen.

Keimschutz

Beim Auswählen der Samenpackungen fällt auf, daß die einfachen, herkömmlichen Papiertüten mehr und mehr durch sogenannte Keimschutzpackungen abgelöst werden. Wie jedes Lebewesen atmet Samen. Er verbraucht dabei langsam den mitgelieferten Energievorrat, die Keimfähigkeit läßt nach – bei hoher Luftfeuchte und hoher Temperatur schneller, bei niedriger sehr langsam.

Während Papiertüten jede Veränderung der Luftfeuchtigkeit (z. B. bei Regenwetter) sofort zu dem stark hygroskopischen Samen weiterleiten, schließen bei der Keimschutzpackung wasserdampfundurchlässige Plastik- oder Aluminiumfolien oder tropentaugliche Dosenverpackung diesen Vorgang aus. Erfahrungen haben gezeigt, daß Samen bei herabgesetztem Wassergehalt eine wesentlich längere Lebensdauer besitzen als bei normaler Feuchte von 12–14%. Keimgeschützter Samen wurde daher vor dem Abfüllen vorbehandelt und auf ca. 6% rel. Feuchte heruntergetrocknet.

Diese speziellen Bedingungen innerhalb der versiegelten Keimschutzpackung werden durch das Öffnen der Packung gestört, Außenluft mit höherer Feuchte tritt ein. Auch wenn die Packung wieder verschlossen wird, ist der ursprüngliche Zustand dahin, der Samen altert

Ideal: ein verschlossenes Glas.

danach mit normaler Geschwindigkeit und sollte innerhalb des nächsten Jahres verbraucht werden.

Samenlagerung

Ölhaltige Sämereien können unter günstigen Bedingungen ihre Lebensfähigkeit sehr lange erhalten, mitunter Hunderte von Jahren. Einige tropische und einheimische Gehölze dagegen müssen unmittelbar nach Reifwerden gesät werden, da die Keimfähigkeit sehr schnell verlorengeht. Andere Samen wie z. B. Spinat, Feldsalat und Gurken keimen erst nach einigen Monaten und nach dem Abbau von Hemmstoffen optimal.

Saatgut und Keimung

Grundsätzlich gilt: Temperaturen von 10–15 °C sind optimal für die Samenlagerung, dazu eine relative Luftfeuchte des Raumes von ca. 40%. Der Samen sollte also kühl und trocken lagern. Die Gartenlaube ist ein ungeeigneter Platz, weil der Samen dort zuviel Feuchtigkeit aufnimmt und in diesem Zustand sogar erfrieren kann. Gut geeignet sind z. B. eine verschließbare Dose oder ein Weckglas. Eventuell kann in das Gefäß ein Beutelchen mit Kieselgel (Blau-Gel) gegeben werden. Dieses Mineral (in der Apotheke oder Drogerie erhältlich) ist stark wasseranziehend, verringert also den Wassergehalt des Samens. Es verfärbt sich dabei. Durch Trocknen im Backofen bei 150 °C wird es regeneriert. Blau-Gel wird auch zum Blumentrocknen verwendet (Handelsnamen z. B. Floreal). Gut getrockneten Samen (6–8% relative Feuchte) kann man auch einfrieren. Bei −18 bis −20 °C bleibt er jahrelang unverändert erhalten. Nach dem Auftauen muß er bald in den Boden, da sich die Keimfähigkeit dann schnell abbauen kann.

Sehr gute Erfahrungen wurden mit absolutem Luftentzug (Vakuum) gemacht. Diese Verpackung (ist leider nicht im Handel) kann bei normaler Raumtemperatur und unter fast allen Bedingungen gelagert werden. Die Keimfähigkeit bleibt im Vakuum sehr lange erhalten. In südlichen Ländern wird Samen auch eingedost.

Überprüfung der Keimfähigkeit

In den Labors privater Firmen und auch bei staatlichen Keimprüfungsanstalten werden die Keimfähigkeiten eingehender Samenpartien nach international vereinbarten Methoden und Erfahrungswerten ermittelt. Diese Laborwerte entsprechen dem Aufgang unter günstigen Bedingungen. Sie sind nicht identisch mit dem Aufgang im Freiland, der im allgemeinen nur Werte zwischen 50 und 65% erreicht, weil alle möglichen negativen Faktoren einwirken können, wie z. B. zu tiefe Saat, ungünstige Temperaturen, Schädlinge, Krankheiten und Wind. Im Labor werden die Verhältnisse im Freien nachgeahmt, d. h., die Temperatur ist meistens nicht gleichbleibend, sondern sie schwankt zwischen 30 °C am Tage und 20 °C in der Nacht (Temperaturen, die für 90% aller Samenarten günstig sind). Einige Samen benötigen auch Vorkühlung (z. B. Salat +8 bis 10 °C).

Keimtische und Keimschränke garantieren die Einhaltung dieser Bedingungen, sorgen gleichzeitig für eine hohe, gleichbleibende Luftfeuchtigkeit. Der Samen liegt dabei auf angefeuchtetem Vliespapier, auf Tabletts, in Petrischalen oder im sogenannten Faltenfilter. Daneben erfolgen Tests in Erde und in Ziegelgrus, um die Samen weitgehend unter Streß zu setzen. Dabei kann man

Saatgut und Keimung

insbesondere die Triebfähigkeit, auch Keimenergie genannt, ermitteln, die für den Aufgang im Freien oftmals entscheidender ist als die höherliegende Ziffer der Keimfähigkeit.

Verschiedene dieser Methoden können Sie auch abgewandelt zu Hause nachahmen, um Ihre eigenen Samenvorräte zu überprüfen. Sehr gut funktioniert bei feinen Samenkörnern zumeist die Löschpapiermethode. Nehmen Sie einen Teller und gewöhnliches Löschpapier, feuchten Sie es an. Es darf jedoch kein Wasser ständig darin stehen bleiben. Zählen Sie nun 50 oder 100 Samen ab, überziehen Sie den besäten Teller mit einer Haushaltsschrumpffolie, oder stecken Sie ihn in einen Plastikbeutel. Suchen Sie nun einen absonnigen Platz, wo die für die Pflanzenart optimalen Keimtemperaturen herrschen. Deren Kontrolle mit einem Thermometer ist wichtig. Schon nach wenigen Tagen können Sie das Ergebnis auszählen und danach Ihre Samenpartie weiterverwenden oder verwerfen.

Keimen mehr als 75% der Samen, können Sie den Samen noch verwenden, bei über 50% sollten Sie dichter als üblich aussaen. Saatgut,

1 Im Labor wird der Samen mehrmals geprüft.

2 Erbsen- und Bohnenprüfung in leicht feuchtem Sand.

3 Gurken und feine Samen testet man auf Löschpapier.

Saatgut und Keimung

das nicht mindestens 50% erreicht, ist (mit Ausnahme von Kräutersamen) wertlos geworden. Eine Abwandlung dieser Methode ist es auch, Gefrierschalen zu verwenden (mit Deckel), das Löschpapier in Falten zu knicken und darin einzeln die Samen einzulegen, auch hier darf nur das Papier feucht sein. Dieses Verfahren hat sich insbesondere bei größeren Samen wie Gurken, Zucchini und tropischen Sämereien bewährt. Es ist gleichzeitig eine hervorragende Methode, um schwierigen Samenarten zum Start zu verhelfen, insbesondere bei Gurken. Die gekeimten Samen werden dann, ohne die Wurzel zu beschädigen, bald nach dem Aufgang eingetopft.

Statt des Löschpapiers können Sie auch ein Haushaltsvlies oder sterilisierte Erde verwenden und statt der Gefrierschale einen Blumentopf. Bohnen- und Erbsensamen, die besonders lufthungrig sind und stauende Nässe überhaupt nicht vertragen, keimen am besten in Sand. Füllen Sie einen tiefen Teller mit erdfeuchtem Sand, drücken Sie die Samen hinein und decken Sie einen zweiten Teller als Abschluß darüber. Bei Raumtemperatur zeigt sich die Keimfähigkeit nach ca. 1 Woche. Um ein Gefühl für die im Freien benötigten Keimfaktoren (s. S. 46) zu bekommen, empfehle ich, diesen Test mit der doppelten und der dreifachen Menge Wasser im Vergleich zu wiederholen. Das Keimergebnis wird höchstwahrscheinlich bei Zugabe von mehr Wasser unter sonst gleichen Bedingungen weit hinter dem ersten zurückbleiben: Die Samen verfaulen.

Saatgutformen

Erwerbsgärtner und Hobbygärtner äußern ganz unterschiedliche Ansprüche: Saatgut ist deshalb in jeweils angepaßten Formen auf dem Markt. Neben dem bekannten normalen verwendet der Erwerbsgartenbau kalibriertes Saatgut, das ist mit Sieben nach der Größe sortiertes, besonders gut keimfähiges Saatgut sowie Präzisionssamen (auch graduiertes Saatgut genannt). Diese Samen sind in Gewächshäusern unter hohem Aufwand herangewachsen, das Saatgut ist für höchste Ansprüche gedacht. Ein Hobbygärtner wird damit kaum konfrontiert. Für ihn ist pilliertes Saatgut interessant. Besonders kleine, feine Samen und solche von unregelmäßiger Form werden mit einer Hüllmasse umgeben, die aus Ton und Torfmehl sowie Bindemitteln besteht. Sinn dieser Maßnahme ist es, die Samen besser greifbar oder maschinell ablegbar zu machen, wodurch später das Vereinzeln erspart wird. Entgegen allgemeiner Annahme enthält dieses Saatgut in der Regel keine Chemikalien, die gegen Insekten oder Pflanzenkrankheiten wirken. Technisch ist dies je-

doch möglich und wird insbesondere bei einer ähnlichen Form, dem
inkrustierten oder Mantelsaatgut
angewendet. Mit welchen Präparaten inkrustiert wurde, muß angege-
ben sein. Es existiert auch mit biologischen, natürlichen Mitteln um-
manteltes Saatgut. Der Wunsch,
das Vereinzeln einzusparen, stand
auch bei der Entwicklung der Saatbänder und der Samenteppiche
(Saatplatten) Pate. Der Samen ist
dabei in ein Band oder einen Tep-
pich aus Zellulose oder Papier in
mehr oder weniger exaktem Abstand eingearbeitet. Es sind dabei
auch vorfabrizierte Mischkulturen
im Angebot oder Kräutermischun-
gen, so daß der Kauf von Saatbändern manchmal finanziell lohnender
ist als der einzelner Tüten.

Für Pillen und Saatbänder gilt, daß
sie besonders guten Anschluß an
die wasserführende Schicht des
Bodens benötigen, also nicht lose
in der Oberschicht liegen bleiben
dürfen. Nachdem die Rille gezogen
ist, werden die Bänder und Pillen
eingelegt und noch vor dem Schließen der Rille angedrückt und angegossen, erst danach werden die
Reihen mit Erde abgedeckt.

1 Nur einzeln stehende Möhren können sich
gut entwickeln.

2 Kleiner, unregelmäßiger Samen wird pilliert.
So ist er leichter faßbar. Vereinzeln erübrigt
sich.

3 Aus dem Saatband wachsen die Pflanzen im
richtigen Abstand.

Saatgut und Keimung

Besonders für die Anzucht im Zimmer und auf dem Balkon sowie für den kleineren Bedarf im Garten sind die Quick-Sticks von Interesse, streichholzähnliche Samenträger aus Karton, die eine Markierung für die richtige Saattiefe tragen und mittels einer ausgestellten Lasche den erwünschten Bodenkontakt erzielen.

In England wurde das sogenannte Fluid-Drilling entwickelt, eine Methode, vorgekeimtes Saatgut in einem Gel als schützender Trägermasse auszubringen. Das Verfahren hat im Erwerbsgartenbau nur eine beschränkte Verbreitung erfahren. Ob es sich auf dem Hobbygärtnersektor durchsetzen wird, bleibt abzuwarten.

Bio-Samen, gibt es den?

»Biologisches Saatgut« ist derzeit häufiger im Gespräch. Der Begriff ist ein Widerspruch in sich, denn niemand wird bezweifeln, daß Saatgut zwangsläufig ein biologisches Erzeugnis ist. Dieser Begriff entspricht jedoch bestimmten Verbraucherwünschen.

Zum einen sollte der Samen frei von umweltschädlichen Chemikalien, also unbehandelt sein. In der Bundesrepublik Deutschland ist, vielfach nicht bekannt, jedes Saatgut, das nicht extra gekennzeichnet ist, frei von Beizmitteln. Im Ausland ist dies mitunter anders! Über Vor- und Nachteile der Beizung wird im folgenden Kapitel berichtet. Zum anderen wird die Saatguterzeugung nach anerkannten alternativen Methoden gewünscht. Dahinter steht die Vorstellung, daß sich die Pflanze mit ihren Erbeigenschaften und auch von der Ernährung her auf die ganz speziellen Verhältnisse im eigenen »alternativ« bewirtschafteten Garten einstellt. Derartiges Saatgut kann in eigener Erzeugung erstellt werden und wird von einigen wenigen Stellen im Tauschwege oder gegen Spenden abgegeben. Ob sich der gegenwärtige Zustand in Kürze ändert, bleibt zu bezweifeln. Neben einigen unseriösen Anpreisungen hat es auch in der Vergangenheit ernstgemeinte praktische Versuche gegeben, solches Saatgut nach den allgemein gültigen gesetzlichen Regelungen zu vermarkten. Sie sind gescheitert, weil unter hiesigen klimatischen Bedingungen nicht jedes Jahr die erforderlichen Mindestkeimfähigkeiten erreicht wurden. Damit war das Saatgut nach dem Gesetz nicht vertriebsfähig. Biologische Methoden sind jedoch in den Erzeugerländern nicht so verbreitet, daß sich darauf eine sichere Saatgutproduktion aufbauen ließe. Wer als Nichtzüchter nach biologischen Methoden Saatgut erzeugen will, schließt sich zudem automatisch von neuen Entwicklungen aus, deren Nachbau verboten ist. Er ist also zwangsläufig auf vorhandene ältere und hinsichtlich der Resistenzen überholte Sorten angewiesen. Außerdem wird

Saatgut und Keimung

Bohnenernte in Tanzania. Der Wind ersetzt die Reinigungsmaschine.

der Bedarf nach solchem Saatgut offensichtlich weit überschätzt, wie die Absatzzahlen bei den angebotenen Sämereien mit den Bezeichnungen »Bio-Start« (von Sperling) und »Bio-Select« (von Wagner, in der Schweiz Wyss) zeigen. Dabei handelt es sich um Samen, dessen Erzeugung nach Möglichkeit (aber nicht garantiert) in Entwicklungsländern ohne Verwendung von chemischen Erzeugnissen erfolgt. Er wurde einer Behandlung mit auflauffördernden und krankheitshemmenden biologischen Präparaten unterworfen (Samenbad). Natürliche Behandlungsmethoden, wie z. B. die Warmwasserbeize zur Unterdrük-

kung der Schwarzbeinigkeit bei Kohl *(Phoma lingam),* die Wärmebehandlung bei Gurken gegen Virus, sind üblich. Außerdem enthalten diese Programme Züchtungen mit besonders hoher Resistenz gegen Pflanzenkrankheiten, mit hohem Vitamingehalt oder sonstigen biologisch wertvollen Eigenschaften.

Saatgutbeizung und Keimlingsschutz

Wie alle anderen Lebewesen auch ist Samen während der Abreife, während der Lagerung und auch beim Keimen ständig durch krank-

37

Saatgut und Keimung

heitserregende Keime und tierische Schädiger gefährdet. Glücklicherweise richten sie relativ wenig Schaden an, bzw. die Bedingungen, unter denen sie schädlich wirken, sind bekannt, und wir können entsprechende Vorbeugungsmaßnahmen treffen.

Dem Befall durch samenübertragbare Krankheiten wird durch den Anbau in klimatisch günstigen, also meist trockenen Regionen vorgebeugt. Ein Beispiel ist der Buschbohnenanbau in Ost-Afrika, wo es eine ausgeprägte Trockenzeit gibt, während der die Erreger der Brenn- und Fettflecken-Krankheit absterben.

Gegen Lagerschädlinge, wie z. B. Mäuse, Tauben, Spatzen und Insekten, muß der Saatgutlieferant Vorkehrungen treffen. Falls Sie in Ihren Samenvorräten Maden oder Käfer feststellen, können Sie den Befall meist mit den bekannten Mottenkugeln stoppen.

Maßnahmen gegen Keimlingskrankheiten

Gefährdet sind die Samen unmittelbar nach dem Keimen durch Bodenpilze wie Wurzelbrand, Schwarzbeinigkeit, Umfallkrankheit und sogenannte Schwächeparasiten wie Grauschimmel *(Botrytis).* Sie finden erst Angriffsmöglichkeiten, wenn die Bedingungen für das Heranwachsen der Sämlinge ungünstig sind, z. B. wenn sie eng stehen, zu wenig Licht haben, die Luftfeuchtig-

keit zu hoch ist und der Luftdurchfluß stockt, wenn es an Licht fehlt, und die Pflanzen vergeilen.

Kurz nach dem Auflaufen der Samen richten diese Pilze innerhalb von Stunden oder Tagen empfindliche Schäden an. Das Gewebe der Pflänzchen verfärbt sich am Wurzelhals braun oder schwarz. Epidemieartig fallen sie um, welken und sterben ab. Sterile Erde beugt dem vor (s. S. 51), ebenso eine Samenbeizung oder eine Desinfektion des Saatbeetes. Geeignet für das Begießen oder Besprühen befallener und gesunder Pflänzchen ist TMTD, ein organisches Fungizid mit dem Handelsnamen »AAtiram«, »Pomarsol« und »Hora Saatgutpuder M« mit einer allgemein guten Breitenwirkung gegen Pilzkrankheiten, vor allem solche im Auflaufstadium.

Seit vielen Jahren ist auch das in der Humanmedizin verwendete »Chinosol« als Desinfektionsmittel bekannt (erhältlich in Apotheken). Wer nicht zu den weitgehend harmlosen, chemischen Mitteln greifen will (quecksilberhaltige Saatgutbeizen, wie früher üblich, sind seit langem verboten), hat eine Alternative mit natürlichen Methoden. Ihre Wirkung ist weniger schlagkräftig, aber dennoch sichtbar. Knoblauch, Zwiebeln, Baldrianextrakt und Schachtelhalmbrühe sind bekannt dafür, daß sie Pilze zurückdrängen und reduzieren können. Der biologische Gartenbau verwendet sie in Form von Samenbädern. Diese sollen

Saatgut und Keimung

Die Bohnenfliege ernährt sich von keimendem Samen.

Samen kann man leicht selber beizen. Hier das sogenannte Überschußverfahren.

auch den Samen in Keimstimmung bringen und auf die biologischen Anbaumethoden einstimmen. Der Samen wird dabei in einer Pflanzen-Lösung gebadet, nach einiger Zeit (ca. $\frac{1}{2}$ Stunde) wieder getrocknet und anschließend ausgesät. Eine ähnliche Methode gelangt mit den im Bio-Gartenbau bewährten Mitteln »Pilzvorbeuge«, »Wurzelstärkung«, »Ledax-san« oder »Bio S« zur Anwendung.

Im sogenannten Überschußverfahren können Sie selbst beizen: Geben Sie das Saatgut zusammen mit dem Beizmittel in eine Dose oder Schale. Schütteln Sie so lange, bis das Saatgut überall mit dem Beizmittel behaftet ist, und sieben Sie den Überschuß für eine spätere Wiederverwendung ab. Der Samen wird wie üblich ausgebracht. Vor Kindern und Tieren verschlossen aufbewahren!

Schutz gegen Gemüsefliegen

Wichtiger als Pilzbehandlungsmittel sind solche, die gegen Insektenbefall schützen. Insbesondere die Bohnenfliege kann bei Aussaaten großen Schaden anrichten. Für den Schädling, der wie andere Gemüsefliegen Mitte Mai und auch später noch mit weiteren Generationen auftritt, sind auflaufende Bohnen im keimenden Stadium besonders interessant. Die Fliege legt in das noch junge Pflanzengewebe ihre Eier ab. Als Folge davon bleibt der Keimvorgang im Keimblattstadium stecken. Eine weitere Entwicklung erfolgt nicht mehr oder nur noch in stark verkrüppeltem Zustand. Mitunter werden die Bestände zu 70 bis 80% geschädigt, ohne daß der Verdacht sofort auf diesen Schädling fällt. Sicher geschützt ist der Samen nur, wenn er mit einem Insektizid behandelt wurde (Wirkstoff

Saatgut und Keimung

Bromophos, Handelsnamen: »Hora-Saatgutpuder B«, »Nexion-Saatgutpuder«). Bromophos wirkt gegen die Bohnenfliege, Kohlfliege, Möhrenfliege, Saatenfliege an Spinat und Gurken und gegen Zwiebelfliege. Mittel wie z. B. »AAtiram Combi«, »Nexion-Saatgutpuder« verbinden die Bekämpfung von Pilzkrankheiten und Insekten.

Wenn Sie gegen die Bohnenfliege nicht mit Insektiziden vorgehen wollen, können Sie die Samen im Zimmer oder unter Glas in Töpfchen aussäen, die Pflanzen vorziehen und nach etwa 3 Wochen ins Freie auspflanzen. Das Stadium, das die Bohnenfliege anlockt, ist zu diesem Zeitpunkt bereits überwunden. Außerdem können Sie die Beete bis zum Auflaufen mit Schlitzfolie oder Vlies abdecken. Eine positive keimfördernde Wirkung ergibt sich dann zusätzlich durch die Erhöhung der Bodentemperatur.

Gegen Gemüsefliegen bei Möhren, Radies und Rettich und damit gegen die schnell aktiv werdenden Maden helfen Granulate wie Birlane, Nexion, Curaterr, Sapecron. Wirksam sind auch Bio-Gemüse-Streumittel und in gewissem Maße die Aussaat in Mischkulturen.

1 Netze schützen gegen Vögel, Wild und Katzen.

2 Möhren- und Gemüsefliegen fühlen sich in geschützten Gärten besonders wohl.

3 Vlies schützt zuverlässig gegen Schnecken, Gemüsefliegen, Wild und Wind.

Saatgut und Keimung

Die genannten Mittel werden bereits während der Aussaat in die Saatrille gegeben. Allerdings ist viel zuwenig bekannt, daß die gefährdenden Insekten erst Ende April bis Anfang Mai und später auftreten. Es gibt einen guten Anhaltspunkt für den Insektenflug und die Eiablage: wenn die Zwetschen und Schattenmorellen anfangen zu blühen. Eine Ausbringung vor diesem Zeitpunkt ist ziemlich sinnlos, weil der Schädling noch nicht vorhanden ist. Die ersten Sätze Radieschen und auch Rettich können Sie daher bei Märzaussaat noch madenfrei ziehen. Bei Möhren sollten Sie die Granulate erst dann über die Pflanzen streuen und in die Erde leicht einkrallen, wenn die Sämlinge bereits einige cm hoch, also aufgelaufen sind.

Weitere schädliche Tiere
Insbesondere Kreuzblütler wie Radies, Rettich, Levkojen, Kohl sind durch Erdflöhe gefährdet, die in die Keimblätter kreisrunde Löcher fressen. Insektizid-Spritzungen, Spruzit-Staub und vorbeugend das konsequente Feuchthalten der Beete helfen, da Erdflöhe keinen rauhen und nassen Boden mögen.
Gegen den Angriff von Gemüsefliegen und anderen Schädlingen wie z. B. Schnecken, Erdflöhe, Mäuse und Vögel schützt das Überdecken der Saatbeete mit Vlies oder dichtschließenden Folien, wie z. B. der mitwachsenden Folie von Euflor, wenn sie nicht zu stramm aufgezogen wird. Diese Bio-Methode beschleunigt und sichert zudem die Pflanzenentwicklung.
Größere Beete schützt man gegen Vögel (insbesondere Tauben) durch Spritzen der Jungpflanzen mit Vergällungsmitteln (z. B. Morkit). Kleine Beete werden am besten mit Draht oder Netzen überspannt.

Keimfördernde Saatgutbehandlungen

Die meisten Samen von Blumen, Gemüse, landwirtschaftlichen Arten und auch von einigen Gehölzen keimen nach der Aussaat ohne Schwierigkeiten. Bei einigen sind jedoch Vorbehandlungen nötig, um den Pflanzenstart zu erleichtern. Die jeweiligen klimatischen Bedingungen in der Heimat der betreffenden Pflanze geben Aufschluß über die nötigen Maßnahmen. Die Natur hat in mitunter raffinierter Weise Vorsichtsmaßnahmen getroffen, damit der Samen nicht zur Unzeit keimt, also z. B. Trockenzeiten unbeschadet übersteht: Eingelagerte Hemmstoffe müssen herausgelöst, Temperaturschwellen überschritten werden

Einweichen
Das Einweichen der Samen in lauwarmem Wasser über Nacht läßt den Samen quellen, bewirkt eine Verkürzung der Keimdauer (z. B. bei Möhren) oder macht sie überhaupt

Saatgut und Keimung

erst möglich. Das gilt insbesondere für Pflanzen wie Palmen, Bananen, Kaffeebaum, also vor allem für Samen tropischer Herkunft, die in der Heimat noch frisch zu Boden fallen und nach dem Verrotten des umgebenden Fruchtfleisches bald zu keimen beginnen. Unsere Tabelle (S. 84) gibt Auskunft über Arten, die dieser Vorbehandlung bedürfen oder dadurch gefördert werden und über einige Besonderheiten, die dabei auftreten können.

Anritzen

Den gleichen Effekt, das Eindringen von Feuchtigkeit in den Samen zu erleichtern, erreicht man auch durch vorsichtiges Anfeilen oder Anritzen hartschaliger Samen mit einem scharfen Messer. Geraniensamen z. B. wird bereits vom Züchter angeritzt geliefert und keimt danach bedeutend schneller. Nun ist das Anritzen mit dem Messer gefährlich und mit der Feile etwas mühsam. Es gibt eine viel einfachere Methode: Reiben Sie den Samen zwischen 2 Lagen grobkörnigem Sandpapier so lange, bis der gewünschte Effekt eingetreten ist. Der Samen selbst darf dabei nicht beschädigt werden.

Hitzebehandlung

Einige schöne und interessante Blumen und Gehölze wie *Acacia dealbata* (Mimose), *Jacaranda mimosaefolia* (Australische Silbereiche), *Eucalyptus, Clianthus* (Wüstenerbse) u. a. entstammen der australischen Flora, wo häufiger Buschbrände auftreten. Zunächst scheint dort die ganze Vegetation vernichtet zu sein. Kurz darauf beginnen jedoch Samen, die schon längere Zeit im Boden ausgestreut lagen und nicht keimten, urplötzlich mit ihrer Entwicklung, so daß das Land sich immer wieder von solchen Unglücken erholt. Die Samen reagieren auf Hitzebehandlung und bauen erst dabei vorhandene, die Keimung verhindernde Hemmstoffe ab. Wir erreichen dies im Zimmer oder Gewächshaus am besten durch Überbrühen mit kochendem Wasser. Der gleiche Effekt wird mit ca. 40 °C warmem Wasser erreicht, welches längere Zeit auf das Saatgut einwirkt (ca. 2 Stunden). Diese Methode wirkt sich auch günstig aus bei *Brachyscome iberidifolia* (Blaues Gänseblümchen) und dem Rieseneibisch *(Hibiscus moscheutos)*.
Der Samen darf jedoch niemals längere Zeit gekocht werden, er würde dabei seine Keimfähigkeit verlieren.

Vorgekeimtes Saatgut

Vorgekeimtes Saatgut muß ausgesät werden, bevor der Embryo die Samenschale durchbricht, 24 Stunden Vorbehandlung sind daher fast immer genug, zumal nach der Wasseraufnahme der Sauerstoffbedarf enorm ansteigt. Im Wasser schwimmend, ist der Samen jedoch vom Sauerstoff abgeschnitten. Für hartschalige Gemüsesamen, wie Möhren, Radieschen, Spinat und Neuseeländer Spinat, Mangold, Rote Rüben und andere, verwendet man besser ein durchlässiges Leinensäckchen, füllt den Samen hinein und feuchtet beides an. Eine saubere Lösung ist auch ein Plastikbeutel, in dem der Samen zwischen feuchten Sand geschichtet ist. Dieses »Streck«-Material erleichtert zudem das dünne Säen. Nachdem der Verfrühungseffekt erreicht ist, muß der Samen sofort ohne Zurücktrocknung in den Boden. Jede Stunde zuviel kann (z. B. bei Salat oder Radieschen) bereits den Embryo beschädigen.

Sommeraussaat von Kopfsalat. Die meisten Samen keimten hier stark verzögert.

Brechen der Keimhemmung

Einige Samen besitzen chemische Stoffe, die sich erst nach längerer Lagerung abbauen und frischen Samen daran hindern, vorzeitig zu keimen (Feldsalat, Spinat, Kopfsalat). Dieser Vorgang dauert mehrere Monate. Er läßt sich nicht beschleunigen.

Eine zweite Form der Keimhemmung, die Sie vielleicht selbst schon einmal beobachtet haben, ist die Reaktion auf zu hohe Aussaattemperaturen bei Salat. In sehr heißen Sommern, wenn die Temperatur auch nachts nicht unter 16 bis 18 °C fällt, kann Kopfsalat sehr schwach oder gar nicht keimen. Was tun, wenn die Hitzeperiode andauert? Zunächst einmal sollten Sie generell den Salatsamen erst am späten Nachmittag oder in den

Abendstunden aussäen, damit er von der Nachtkühle und der Verdunstungskälte profitiert, die nach dem Angießen entsteht. Gerade auf die ersten Stunden des Keimprozesses kommt es an. Sie können den Samen auch im Leinenbeutel vorkeimen und maximal 24 Stunden im Kühlschrank bei + 8–10 °C aufbewahren, anschließend sofort aussäen. Diese Methode wird generell in den Keimlabors angewendet und hat sich auch im Feldanbau bewährt.

Für Erwerbsgärtner wird auf dem Sektor der Samenbehandlung zur Zeit sehr intensiv gearbeitet mit dem Ziel, solche Temperaturempfindlichkeiten bei Salat, Endivien und Porree zu brechen sowie die Anzuchtperiode durch Vorkeimen zu verkürzen. Es zeigt sich, daß mit verschiedenen Chemikalien, Gasen und Naß/Trockenbehandlung sehr

Saatgut und Keimung

beachtliche Fortschritte zu erzielen sind. So verkürzt sich die Anzuchtzeit bei Sellerie durch Systeme wie Prestinun und Quick-Pill um mehr als 3 Wochen – eine erhebliche Zeit- und Energieeinsparung. Leider besitzen die behandelten Samen nur eine begrenzte Haltbarkeit. Sie müssen sehr bald ausgesät und kühl gelagert werden, erfordern also auch spezielle Lager- und Transportbedingungen. Aus diesem Grund ist bislang keines dieser zahlreichen Verfahren für den Hobbygärtner geeignet.

Den Winter über verbrachten diese Kaltkeimer an schattiger Stelle im Freien.

Kaltkeimer (Frostkeimer)

Einige Stauden und Gehölze benötigen winterliche Temperaturen über eine längere Periode, um keimen zu können. Meist stammen sie aus dem Hochgebirge, wo nach dem Ausfallen der Samen den Spätherbst und Winter über Feuchtigkeit und Kälte gleichzeitig einwirken können. Früher wurde für solche Samen der Begriff Frostkeimer verwendet. Es hat sich jedoch herausgestellt, daß es weniger der Frost als wechselnde Temperaturen im Bereich zwischen -2 und $+4\,°C$ sind, die den Abbau der Hemmstoffe im Saatgut bewirken. Derartige Temperaturen herrschen gewöhnlich unter einer winterlichen Schneedecke.

Füllen Sie eine Schale oder einen Blumentopf mit Gartenerde, verteilen Sie darauf den Samen und sieben Sie eine dünne Schicht Sand

darauf. Nun andrücken und angießen und das Aussaatgefäß anschließend in einen Plastikbeutel stecken. Binden Sie ihn zu. Eine Gefrierschale mit Deckel oder Tupperware erfüllen den gleichen Zweck – Feuchtigkeit kann nicht entweichen. Ein schattiger Platz im Freien ist ideal, wo der Samen zwar den winterlichen Temperaturen ausgesetzt ist, aber trotzdem von der Sonne nicht erreicht wird. Ohne weitere Pflege zeigt sich bei dieser Aussaat neues Leben im April/Mai, wenn alles gutgegangen ist. Plastikbeutel oder Verschlußdeckel werden nun entfernt und die Saatschale im Frühbeetkasten oder im Gewächshaus aufgestellt. Jetzt wird gegossen und später auch pikiert.

Oft erwacht der Wunsch, einen Frostkeimer noch auszusäen, erst im späten Frühjahr, wenn tiefe Temperaturen nicht mehr zu erwarten

Saatgut und Keimung

sind. Der Gedanke liegt nahe, die Kühltruhe als Frostersatz zu verwenden. Hiervon ist unbedingt abzuraten, denn mit Hilfe der Technik läuft der Gefriervorgang wesentlich schneller ab, als in der Natur. Obwohl an und für sich frostverträglich, können die Zellen nicht schnell genug den erforderlichen höheren osmotischen Druck herstellen, die Zellwände platzen, die Samen erfrieren. Statt der Kühltruhe ist jedoch der Kühlschrank brauchbar, wenn darin über längere Zeit Temperaturen nicht höher als +4 °C gehalten werden können. Für eine erste Periode von 2–4 Wochen braucht der Samen hierbei ausreichend Feuchtigkeit und warme Temperaturen zwischen 18 und 22 °C. Erst danach, in der zweiten Phase, sind kalte Temperaturen erforderlich, nämlich zwischen −5 und +4 °C für eine Zeit von mindestens 4–6 Wochen. Die Kühlperiode kann länger sein, zwischendurch auch, wie in der Natur, von höheren oder niedrigeren Temperaturen unterbrochen werden. Die Kühlperiode sollte dann verlängert werden, da sich nur in ihr eine hormonartige Säure bildet, die die Keimung auslöst. Danach weiterhin zunächst kühl halten (5–12 °C) und erst allmählich mehr Wärme geben. Manche der Kaltkeimer benötigen längere Zeit, daher sollten Sie Geduld besitzen. Mitunter keimt der Samen erst nach einem weiteren Jahr, z. B. bei Christrosen.

Stratifizieren

Letzteres gilt insbesondere für Gehölze, d. h. für Bäume, Sträucher und auch Rosen, aber auch für einige Stauden. Derartiger Samen benötigt oft sehr lange Zeit unter feuchten und gleichzeitig kühlen Bedingungen, um vorhandene Hemmstoffe abzubauen. Aus Platzgründen und um ein Austrocknen zu verhindern, werden dabei tiefe Kisten benutzt und mit feuchtem, grobkörnigem Sand beschichtet. Hierauf kommt eine Lage dünn ausgestreuter Samen, darauf eine weitere Schicht Sand, eine weitere Schicht Samen usw. Die weitere Behandlung gleicht in etwa der bei Frostkeimern. An schattiger Stelle, z. B. an einer nördlichen Hauswand, setzt man die Saatkisten der Witterung aus, jedoch nicht mit Plastik abdecken! Bei kühlen (auch Frosttemperaturen) geraten die Samen allmählich in Keimstimmung. Regen- und Schneewasser haben keimhemmende Stoffe abgebaut und ausgeschwemmt. Wichtig: gegen Mäuse und Vögel schützt ein engmaschiges Drahtgeflecht. (Weiteres über die Aussaat von Gehölzen auf S. 118.)

Chemische Behandlungen

Der Gartenbau kennt einige weitere Samenbehandlungen, die die Keimung verbessern und beschleunigen, wie z. B. Übergießen mit 1–2%iger Schwefelsäure, Gibberillin bei Kräutern, Kaliumpermanga-

Saatgut und Keimung

nat bei Möhren, Kuhjauche bei Gehölzen oder Behandlung für einige Stunden in Weichmacher, der auch zur Plastikherstellung benutzt wird. Die Behandlung hiermit sollte jedoch dem Fachmann überlassen bleiben.

Die Keimfaktoren

Drei Dinge braucht der Samen, damit der Keimprozeß in Gang kommt: Wasser, Sauerstoff und Wärme. Auch Licht oder Dunkelheit können das Ergebnis beeinflussen, die Erde (Substrat) aber besitzt anfangs eine untergeordnete Bedeutung. Beispiele zeigen, daß der Samen (zunächst wenigstens) auch ohne Erde auskommt (Hydrokultur, Senf und Kresse auf Filterpapier, Keimsprossen in einer Keimbox).

Feuchtigkeit

Die Feuchtigkeit wird von der Samenschale begierig aufgenommen, ins Innere geleitet, Stärke wird zu Traubenzucker, die eingelagerten Vorräte wandeln sich in Energie um, der Embryo beginnt zu schwellen. Nach kurzer Zeit platzt die Samenschale, die Wurzelspitze erscheint und sucht die Verankerung in der Erde. Fast gleichzeitig erscheint die Vegetationsspitze. Ein Austrocknen stört die Entwicklung in diesem Stadium empfindlich und kann zum Absterben führen. Wie viele Versuche gezeigt haben (z. B. auf S. 33), wird

die benötigte Wassermenge meistens überschätzt. »Gleichmäßig, aber nicht übermäßig viel« heißt die Devise. Vor allem Doldenblütler, wie Möhren, Petersilie und Pastinaken mit ihren langen Pfahlwurzeln, sowie Hülsenfrüchte werden bereits durch wenig Feuchtigkeit zum Keimen angeregt. Zu viel Nässe verdrängt den Sauerstoff, die keimenden Samen verfaulen, oder die Jungpflanzen werden sofort durch Pilzbefall geschädigt. Auch das vielfach beklagte Gelbwerden der Petersilie rührt vor allem von Staunässe im Boden her. Für eine gleichmäßige Wasserversorgung im Freien kommt es entscheidend darauf an, das Samenkorn an die natürliche Wasserleitung des Bodens, das Kapillarsystem, anzuschließen und es nicht in der losen Erdkrume allen Zufällen der Witterung zu überlassen (s. auch S. 58). Aussaaten in Balkonkästen sind sowohl durch Austrocknen als auch durch lang andauernde Regenfälle (Verschlämmen) besonders gefährdet. Hüllen Sie die Kästen bis zum Aufgang in Schrumpffolie oder Schlitzfolie ein, stellen Sie sie schattig. So bleiben sie geschützt.

Luft

Fast ebenso wichtig wie die Feuchtigkeit ist das Vorhandensein von genügend Sauerstoff, der für den pflanzlichen Lebenskreislauf benötigt wird. Daß der Samen Feuchtigkeit benötigt, ist jedem klar. Wie

Bohnensamen sind besonders sauerstoffbedürftig.

wichtig Luft jedoch als Keimfaktor ist, äußert sich am Bodenprofil. Nur die wenige cm starke Oberschicht des Bodens ist gut durchlüftet, von Kapillarröhren, Rissen und durch Pflanzen oder Tiere verursachten Gängen durchzogen. Hierein fällt in der Natur der Samen, oder er wird an der Oberfläche angeweht. Unkrautsamen drängen nur aus den oberen 3–5 cm nach oben. Untere Bodenschichten können durch die Bodenbearbeitung, durch Verschleppung durch Tiere oder andere Zufälle zwar ebenfalls Unkrautsamen enthalten. Sie keimen jedoch nicht, solange sie unter Luftabschluß liegen, sondern mitunter erst nach Jahren, wenn sie durch Bodenlockerung wieder nach oben gelangen. Es sind Fälle bekannt, nach denen Raps, Senf und der Samen von anderen Kulturpflanzen mehrere Jahrzehnte, in einem Fall sogar mehr als 120 Jahre im Boden vergraben lag. Später gelangte er an die Oberfläche und war noch in der Lage zu keimen. Bei der Aussaat im Zimmer fahren Sie mit einem körnigen Sand, Styroporkugelchen oder Perlite als luftiger Abdeckung gut.

Temperatur

Jede Pflanzenart benötigt zum Keimen ihren richtigen Temperaturbereich. Für 95% aller Fälle gilt, je wärmer, desto besser und schneller ist auch der Aufgang. Besonders die anspruchsvollen Pflanzen aus subtropischen und tropischen Zonen, wie Zimmerpflanzen, Gurken, Paprika und Tomaten, sind dankbar dafür. Es gibt auch deutliche Sortenunterschiede. Für einige Sorten von Paprika und Gurken genügen 18 bis 22 °C, 25–28 °C bringen jedoch noch bessere Ergebnisse. Im Freiland herrschen im Frühling weit niedrigere Temperaturen. Entscheidend ist, wie weit sich der Boden (nicht die Luft!) erwärmt hat. Vor allzu früher Aussaat sei daher gewarnt. Oft bringen etwas spätere Aussaaten das gleiche Ergebnis oder sogar ein besseres. Voreilig ausgebrachte Samen können leicht unter Schnee, Nässe und Verdunstungskälte leiden. Temperaturen, wie wir sie im Mai vorfinden, zwi-

Saatgut und Keimung

schen 15 und 25 °C, sagen fast allen bei uns üblichen Kulturpflanzen zu. Von entscheidender Bedeutung sind jedoch die Mindesttemperaturen. Für einige Pflanzenarten konnte man sie in Versuchen ermitteln. Für Erbsen liegen sie bei +4,4 °C (Optimum bei 23 °C), für Bohnen bei 8 °C (Optimum 26 °C), für Freilandgurken bei 13 °C (Optimum 26 °C). Neuere Züchtungen reagieren durchaus nicht empfindlicher als altbewährte, wie Versuche zeigten. Daß sich höhere Temperaturen im Bereich von 20–28 °C nachteilig auswirken, ist möglich, aber selten (z. B. bei bestimmten Rittersporarten max. 21 °C, bei Anemonen max. 15 °C, bei Erdbeeren max. 20 °C und bei Kopfsalat max. 16 °C). Wechselnde Temperaturen, wie sie in der Natur häufig vorkommen, und auch die täglichen Schwankungen zwischen Tag und Nacht scheinen vielen Samen gut zu bekommen. Auf keinen Fall sind sie negativ, sie fördern die Entwicklung. Allerdings dürfen dabei die erforderlichen Mindesttemperaturen nicht unterschritten werden. Die wärmeliebenden Gewächshausgurken reagieren besonders empfindlich, bei ihnen darf die Temperatur auch nachts nicht unter 22 °C absinken. Ein Gewächshaus ohne gesteuerte Heizung bietet dafür keine Garantie, denn gerade in den Übergangsmonaten April und Mai sinken die Nachttemperaturen noch bis in die Nähe des Gefrierpunktes ab. Gleichmäßige

Temperaturen erreicht man mit einer elektrischen Heizmatte, die im Zimmer und im Freien das gepackte Mistbeet unserer Väter ersetzt. Es gibt sie in mehreren Größen und mit ungefährlicher Stromspannung. Die Heizmatte muß jedoch regelbar sein, damit auch eine Überhitzung ausgeschlossen ist. Nicht über 20 °C.

Wer noch Frühbeete besitzt und Zugang zu frischem Rinder- oder Pferdemist hat, kann sich im Anlegen eines Mistbeetes herkömmlicher Art versuchen. Im Mistbeet vollziehen sich, wie im Kompost, Umsetzungsprozesse durch eine lebhafte Tätigkeit der Kleinstlebewesen. Nach anfänglich starker Erwärmung liefert eine Mistpackung langsam abklingende milde Wärme, also einen warmen Fuß, der den Pflanzen besonders gut bekommt.

Licht und Dunkelheit

Die meisten Samen keimen am besten, wenn sie maximal 3–4mal so hoch mit Erde bedeckt werden, wie sie selbst dick sind. Sie liegen dabei in der Dunkelheit. Die wenigen Ausnahmen werden als Lichtkeimer bezeichnet. Es ist sehr wichtig, daß diese nicht mit Erde bedeckt, sondern nur auf der Oberfläche angedrückt werden. Eine leichte Schattierung, z. B. mit Papier, schadet nichts. Viele Kräuter, aber auch einige Zierpflanzen gehören zu den Lichtkeimern, z. B. das Fleißige Lieschen *(Impatiens)*.

Die Aussaatsubstrate und ihre Verwendung

Neben den genannten Faktoren spielt die Erde, auch Substrat genannt, eine wichtige Rolle. Sie soll locker, durchlässig, humos und feuchtigkeitsspeichernd sein, aber keine Pflanzenkrankheitserreger und zersetzende Mikroorganismen enthalten. Im Freien sind Sie mit einer ungedüngten, humosen Gartenerde durchaus gut bedient. Verwenden Sie jedoch keinen unfertigen Kompost, der noch nicht ausgereift ist und sich noch in der Umwandlung befindet. Gerade er enthält in erheblichem Maße Mikroorganismen, die sich auf das Zersetzen von grüner Pflanzenmasse spezialisiert haben und auch den gerade gekeimten Sämlingen gefährlich werden können.

Die eigene Pflanzenanzucht spart Geld. Ein helles Fenster eignet sich dazu.

Es gibt Beispiele dafür, daß nur wenige Stunden alte Sämlinge bereits von pilzlichen Erregern erfaßt wurden, so daß der Eindruck entstand, der Samen habe gar nicht gekeimt. In solchen Fällen ist es gut, wenn man Mittel zum Gießen im Hause hat und sofort Gegenmaßnahmen einleiten kann (z. B. Aatiram, Polyram-Combi, Chinosol). Kompost ist außerdem sehr häufig nicht frei von Unkrautsamen. Sie können jedoch Erde selbst sterilisieren (S. 51). Auch käufliche Blumen- oder Balkonkastenerde ist ungeeignet, weil diese Substrate mit so viel Dünger versehen sind, daß die zarten Keimlinge darin in kurzer Zeit »verbrennen« können. Solche Erden sollten Sie – wenn überhaupt – nur im Verhältnis 1:1 mit Sand vermischt verwenden. Eine zu hohe Konzentration durch Düngesalze in der Erde bewirkt, daß der Fluß von Feuchtigkeit und in ihr gelösten Nährstoffen nicht wie normal vom Boden in die Zelle erfolgt, sondern umgekehrt. Zu hohe Nährstoffkonzentration in der Erde dürfte der Grund für viele sonst unerklärliche Mißerfolge sein. Man hüte sich auch vor reinem, nicht aufgekalktem Torf. Der darin extrem niedrige pH-Wert und die reichlich enthaltene Huminsäure mit

Aussaat unter Glas

Torf muß Kalk enthalten – bei niedrigem pH-Wert wachsen die Pflänzchen nicht.

ihrer konservierenden Wirkung kann bei einigen Pflanzenarten das Keimen und später auch das Aufwuchsergebnis negativ beeinflussen. Etwas Kalk und beigemischter Sand bringen den Säurewert auf eine schwachsaure oder neutrale Reaktion (pH 5,5–6,5), in der sich die meisten Pflanzen wohl fühlen. Es ist immer gut, stark torfhaltigen Erden einen gehörigen Anteil Sand beizumischen oder den Samen nach der Aussaat mit darübergesiebtem Sand zu bedecken. Einige Pflanzen keimen in sandiger Erde bedeutend besser, z. B. Auberginen, Eierbaum, Kakteen und Sukkulenten.

Im Handel gibt es fertige Aussaaterden, die auf diese speziellen Bedürfnisse Rücksicht nehmen, z. B. Aussaaterde von Euflor, Einheitserde P, Floradur, TKS 1. Sie enthalten kaum Dünger und sind auch für das nächste Stadium, für das Pikieren der jungen Pflänzchen, geeignet. Neben Sand und Mineralien als Zuschlagsstoffe, wie z. B. Perlite und Vermiculit, bestehen sie häufig aus Niedermoortorf, der einen höheren pH-Wert aufweist. Auch Lehmpartikel können beigefügt sein. Sie enthalten in der Regel weder Unkrautsamen noch krankheitserregende Keime.

Neben diesen erdähnlichen Substraten werden Mineralien angeboten, die entweder allein oder in Beimischung zu Torf und anderer Erde Verwendung finden, wie z. B. Vermiculit und Perlite, flockenförmige, lufthaltige und leichte Stoffe. Man kann sie durch Erhitzen sterilisieren und stets wiederverwenden. In Ihnen bewurzeln viele Pflanzen besonders gut.

Sand

Sand ist weitgehend keimfrei, leitet Wasser ab und wirkt in dieser Hinsicht drainierend, er verhindert Staunässe. Als dünne Schicht über die Aussaat gesiebt, vermindert er den Krankheitsbefall und die Ausbreitung der schädlichen Keime.

Erde selbst sterilisieren

Kompost und Gartenerde kann, wie erwähnt, Krankheitskeime und Unkrautsamen enthalten. Der Gartenbau verwendet aus diesem Grund nur sterilisierte Erden für die Aussaat, so daß die Quellen eines möglichen Mißerfolges von vornherein ausgeschaltet sind. Die Erde kann man selbst leicht sterilisieren. Benutzen Sie dafür Ihren Backofen und stellen Sie die Temperatur für etwa $\frac{1}{2}$ Stunde auf 120–150 °C. Füllen Sie nun die benötigte Erde in eine der üblichen Bratfolien und verschließen Sie sie nach Vorschrift an beiden Enden. Statt der Bratfolie kann man auch einen Kochtopf mit Deckel verwenden. Darin verschlossen wird die Erde erhitzt. Sie läßt sich leicht und sauber wieder entnehmen und bis zur baldigen Verwendung in einem Plastikbeutel aufbewahren.

Erde kann man im Backofen selbst sterilisieren! Hier in Bratfolie.

Aussaatgefäße

Töpfe oder Holzkistchen sind immer mehr durch Gefäße aus Plastik verdrängt worden, die nicht verrotten und nach Gebrauch leicht wieder gereinigt werden können, so daß Krankheitskeime nicht weiter verschleppt werden können. Größere Samen wie von Zucchini, Gurken oder Mais entwickeln sich besser, wenn sie direkt in Töpfchen gesät werden, in denen sie verbleiben bis zum Auspflanzen. Neben Ton- und Plastiktöpfen gibt es hierbei die Auswahl zwischen Torftöpfen (z. B. Jiffypot) oder vorgedüngten Torftabletten (Jiffy 7), die innerhalb von wenigen Minuten aufquellen und dann besät oder bepflanzt werden können. Aber auch Platten mit tiefgezogenen, viereckigen oder runden Topfformen sind auf dem Markt. Torftöpfe werden dagegen mit der Pflanze ausgebracht. Sie sollten gegen Ende der Kultur vor allem reichlich feucht gehalten werden, damit die Wurzeln durch die Torfwand stoßen und später problemlos im Boden weiter wachsen können. Eine preiswerte Lösung sind mit Erde gefüllte Eierkartons. Der Gartenbau verwendet daneben in reichem Maße Erdpreßtöpfe aus Torfsubstrat, die man sich mit entsprechenden Handpressen auch selbst herstellen kann und sogenannte Zapfencontainer mit sehr kleinem Erdvolumen. Maschinen besäen sie direkt. Mit einem kleinen, aber kräftig anwachsenden Wurzelballen werden sie ausgepflanzt. Abwandlungen davon sind »Paperpots« (Papiertöpfe) und die »Zigarren« (Cultoplant-Verfahren), die eine Papierumhüllung besitzen.

Aussaat unter Glas

Die Aussaat im Zimmer

Vielen Gemüsen und Blumen bekommt es gut, wenn sie vorkultiviert werden. Schon bald nach dem Auspflanzen, nach den letzten Frösten Mitte Mai, können sie uns dann den Sommer über mit einer lang andauernden Blüte erfreuen oder aber frühzeitig Gemüseernten liefern. Einige Pflanzenarten, wie z. B. Tomate, Aubergine und Melone, die aus subtropischen und tropischen Gegenden stammen, entwickeln sich in unseren Breiten zu langsam, so daß sie bei einer Freilandaussaat nicht mehr rechtzeitig zum Ertrag kämen. Sie sind überdies – wie viele Blumen – so frostempfindlich, daß eine Freilandaussaat riskant wäre. Für das Vorziehen ist entweder ein Gewächshaus nötig oder aber, als Ersatz, die Fensterbank. In Beschreibungen wird oft abgekürzt:

»Vorkultur unter Glas«, wobei dann beides gemeint ist, je nach den bestehenden Möglichkeiten.

Das benötigen Sie zur Aussaat: Keimfreie Aussaaterde, Aussaatgefäße, ein Brettchen oder einen Stab zum Abstreifen der Erde und zum Andrücken. Ganz Geübte erledigen diese beiden Vorgänge ohne Hilfsmittel mit der ausgestreckten Hand. Ferner benötigen Sie Stift und Etiketten zum Beschriften der Aussaaten. Ein sogenanntes Zimmergewächshaus, d. h. eine glasklare Abdeckhaube, möglichst mit Lüftungseinrichtung, gehört schon zur Standardausrüstung für die Jungpflanzenanzucht. Dieser Schutz sorgt für ein optimales Kleinklima mit hoher Luftfeuchtigkeit und verhindert ein schnelles Austrocknen. Notfalls ersetzt ein Plastikbeutel oder ein Stück Haushaltsschrumpffolie dieses Kleinstgewächshaus.

Ein Folienbeutel schützt zuverlässig vor dem Austrocknen.

Wichtig: Marmorbänke sind kalt. Temperatur überprüfen!

Aussaat unter Glas

So wird gesät

Füllen Sie das Gefäß mit der Aussaaterde bis zum Rand, mit einem Stab oder Brettchen glattstreichen, dann kurz aufstoßen, wobei sich die Erde etwas setzt. Rundum an den Rändern etwas andrücken, jedoch noch nicht auf der ganzen Oberfläche. Zum Schluß liegt das Substrat gleichmäßig eben und genügend dicht, aber nicht »zementiert«. Nun verteilen Sie den Samen dünn und gleichmäßig auf der Erde und lassen einen Abstand von etwa 5 mm nach allen Seiten von Korn zu Korn. Größere Samen kann man entsprechend weiter auslegen. Feinen Samen leicht und locker aus der Tüte schütteln – Vorsicht, daß nicht alles auf einmal hinausrutscht! Beim Aussäen von feinen Samen, z. B. Tomaten, Paprika, Portulak, Petuniensamen, gibt es einen Trick – schneiden Sie nur eine Ecke der Samentüte ab und klopfen Sie mit dem Zeigefinger leicht gegen die Tüte; so fällt der Samen ganz fein verteilt heraus.

Nach der Aussaat drücken Sie den Samen leicht an. Bei sehr feinem Samen und Lichtkeimern wird nichts weiter gemacht. Dunkelkeimer erhalten eine etwa 0,5–1 cm hohe übergesiebte Abdeckung mit Aussaaterde oder besser noch mit grobkörnigem Sand. Nun mit feiner Brause gut anfeuchten und das Etikett mit Kennzeichnung der Art und der Sorte hinzustecken. Die Saatkiste verschwindet nun unter einer Abdeckhaube oder unter einer transparenten Folie (Plastikbeutel). Bis zum Aufgang braucht kein Luftaustausch stattzufinden. Sie können also alles gut verschließen und brauchen bis zum Aufgang nichts mehr anzufeuchten. Saatschalen, die offen der Verdunstung ausgesetzt sind, benötigen dagegen dauernde Aufsicht und müssen sofort mit feiner Brause oder mit einem Spritzball nachgefeuchtet werden, wenn sie drohen, auszutrocknen. Manche Samen sterben bereits ab, wenn sie während des Keimprozesses nur einmal richtig trocken wurden!

Suchen Sie für das Aussaatgefäß eine Stelle, die nicht der prallen Sonne ausgesetzt ist, aber die Temperaturen aufweist, die für die betreffenden Samenarten notwendig sind. Notfalls (für Gurken und tropische Sämereien besonders wichtig) wird das Gefäß in unmittelbarer Nähe eines Heizkörpers aufgestellt. Fensterbänke aus Marmor oder Stein wirken als Kältebrücken und täuschen oft über die wahren Verhältnisse hinweg, die dem Sämling zugute kommen. Ein daneben gelegtes Thermometer beweist, daß die Temperatur dort mitunter sehr viel niedriger ist als in der umgebenden Luft des Zimmers. Wenn der Keimvorgang dann ausbleibt, ist dies kein Wunder.

Noch ein Rat: Säen Sie nicht zu früh aus! Viele Gartenbesitzer glauben,

Aussaat unter Glas

schon Ende Januar oder im Februar mit der Anzucht von Gurken- und Tomatenpflanzen beginnen zu müssen. Warten Sie lieber mit Tomaten auf Anfang bis Mitte März und bei Schlangengurken (auch für das Gewächshaus) sogar bis Anfang April. Der Grund: Die Wintermonate sind die schwierigste Zeit des Jahres. Ein geringes Lichtangebot (Licht liefert die Energie für das Pflanzenwachstum) trifft zusammen mit ungünstigen Verhältnissen im Raum, nämlich einer sehr niedrigen Luftfeuchtigkeit durch die Heizkörper. Wenn die Sämlinge keimen, können sie sich nur langsam vorwärts entwickeln. Auch längst erwachsene Pflanzen haben zu diesem Zeitpunkt schwer zu kämpfen und gehen mitunter ein. Ab Ende Februar steigt das Lichtangebot sprunghaft, und erst dann ausgesäte Pflanzen holen die vermeintliche Verzögerung sehr schnell wieder auf. Der Samen ist nun gekeimt, die ersten Spitzen lugen hervor. Jetzt müssen unbedingt die aufliegende Folie entfernt, Zimmergewächshäuser gelüftet werden, sonst können die Sämlinge leicht verfaulen.

1 Mehrere Sorten passen in eine Schale.

2 Aussaaten mit Substrat oder Sand bedecken.

3 Andrücken und Angießen nicht vergessen.

4 Pressen für Torftöpfe gibt es auch im Miniformat.

5 Gurkensämlinge im Multitopf – 1 Pflanze pro Topf, nicht mehr.

Pikieren und Weiterkultur der Jungpflanzen

Schon bald nach dem Aufgang brauchen die schnell sprießenden Pflänzchen mehr Platz. Man muß sie dann auseinanderpflanzen, der Gärtner sagt dazu »pikieren«. Bereiten Sie Kistchen, Töpfe oder Topfplatten mit der gleichen Erde vor, wie zur Aussaat verwendet, oder aber mit bereits schwach gedüngter Anzuchterde (s. S. 49). Zum Pikieren gibt es im Fachgeschäft speziell geformte Stäbe aus Plastik. Sie können jedoch auch einen der Sämlingsgröße angepaßten mehr oder weniger dicken, mindestens bleistiftstarken Stab aus Holz verwenden. Mit ihm lösen Sie vorsichtig den Sämling aus dem Boden, sobald er gut zu fassen ist. Nehmen Sie ihn, ohne Wurzeln oder Triebe zu beschädigen, aus dem Anzuchtgefäß. Mit dem Pikierholz wird nun ein ausreichend großes kegelförmiges Loch in das vorbereitete Substrat gestochen, und die Sämlinge werden mit ihrem Wurzelsystem senkrecht hineingesetzt, ohne die Wurzeln zu krümmen. Lange Wurzeln werden etwas eingekürzt. Das schadet nichts, im Gegenteil, es regt zu neuem Wurzelwachstum an. Die Pflänzchen müssen mit den Keimblättern anschließend etwa 1 cm über der Erde stehen. Zu tief gesetzte Sämlinge verfaulen, zu hoch gesetzte haben nicht genügend Standfestigkeit und fallen um.

Aussaat unter Glas

Pikieren von Salat – der Wurzelhals muß frei bleiben.

Durch Einstechen des Pikierholzes rechts und links dicht neben dem Sämling und durch leichtes Heranziehen der Erde mit dem Pikierstab erhält das Pflänzchen neuen Halt. Danach einmal kräftig angießen. An einem zunächst halbschattigen, aber nach wenigen Tagen schon helleren Standort wachsen die Pflanzen, vor Zugluft geschützt, weiter bis zum endgültigen Auspflanzen. Größere und langsam wachsende Jungpflanzen müssen Sie eventuell nochmals pikieren, am besten gleich in Töpfe. Die Erde darf jetzt schon kräftiger gedüngt sein (TKS 2, Einheitserde T u. a.).

Zusatzbelichtung

Wie bereits erwähnt, sind die Belichtungsverhältnisse während des Winters nicht optimal. Zum Rauminneren hin nimmt das Licht, das die Pflanzen erreicht, obendrein rapide ab. Für die jungen Pflanzen ist es schon dunkel, wenn sie nur 1 oder 2 m vom Fenster entfernt stehen. Mit einem Belichtungsmesser (Fotoapparat) kann man diese Tatsache leicht nachprüfen. 1500–2000 Lux (= Lichteinheit) werden für ein freudiges Wachstum benötigt. In den Wintermonaten bis in den März hinein, besonders aber an trüben Tagen, ist Zusatzbelichtung ratsam, 10–12 Stunden pro Tag. Es gibt mittlerweile ein breites Angebot an Pflanzenleuchten mit einem speziell geeigneten Wachstumslicht. Leuchtstofflampen (z. B. Osram-Fluora) werden mit einer Kette in etwa 30 cm Höhe über den Pflanzen angebracht. 40-Watt-Lampen sind dazu gut geeignet, sie verhindern das Langwerden (Vergeilen) und das Heranwachsen zu weicher, schwächlicher Jungpflanzen. 40–60 Watt/m² sind genug. Beim Auspflanzen sollen die Pflanzen gedrungen und kräftig sein. Zu dichter Stand und auch zu hohe Temperaturen bewirken das Gegenteil. Vor dem Auspflanzen sollten Sie die Pflanzen abhärten, d. h. reichlich lüften, sie an geschützter Stelle schon an die Außenbedingungen gewöhnen. Überbrausen mit einer Düngerlösung (1–2 g Volldünger/Liter Wasser oder organische Düngemittel nach Anwendungsvorschrift) vor dem Auspflanzen verhilft ihnen zu einem zügigen Start am neuen Ort.

Vorbereiten des Bodens und der Beete

Mit dem Einzug biologischer Anbaumethoden in den Garten gelangte eine Frage zu größerer Bedeutung, nämlich: Graben oder nicht? Wichtiger wird wohl in Zukunft das Problem sein, wie die Humuszufuhr geregelt wird, ob mit Dauerhumus (wie Torf und Rindensubstraten) oder mehr mit Gründüngung. Daraus resultiert dann die Notwendigkeit, diese Masse einzugraben, und auch der Zeitpunkt dieser Tätigkeit.

Für eine längere Bodenbedeckung und eine spätere Bodenbearbeitung als bisher üblich sprechen die neueren Ergebnisse von Bodenuntersuchungen im Hinblick auf die Nitratauswaschung in tiefe Bodenschichten. Noch im Herbst eingearbeitete Pflanzenreste und organische Substanz werden im Laufe des Winters durch Kleinlebewesen mineralisiert. Im Boden vorhandene und noch freiwerdende Nährstoffe können dann, da Pflanzen fehlen, die sie sofort aufnehmen, nutzlos und sogar schädigend in den Untergrund verschwinden. Der Erwerbsanbau zieht daraus folgende Schlußfolgerung: Besonders zum Herbst hin mehr mit organischer Substanz arbeiten, diese aber so spät wie möglich in den Boden einarbeiten. Die erste Düngung im Frühjahr nicht mehr als Hauptdüngung betrachten, sondern angepaßt an das Pflanzenwachstum

Wissen Sie, wieviel Volldünger Sie streuen? Links: 40 g, rechts: 20 g.

auf mehrere Gaben in den Frühjahrs- und Sommermonaten verteilen. Man kann davon ausgehen, daß es möglich ist, die Stickstoffgaben auf diese Weise um etwa die Hälfte zu reduzieren. Phosphor und Kali als weitere Hauptnährstoffe bleiben ohnehin mehr im Boden festgelegt und unterliegen kaum der Auswaschung. Auch hier läßt sich der Düngeraufwand erheblich verringern. Eine Bodenuntersuchung, im Abstand von wenigen Jahren durchgeführt, schafft Klarheit, wie es um die Nährstoffversorgung tatsächlich bestellt ist. Für wenig Geld untersuchen private und staatliche Untersuchungslabors Ihre Bodenprobe und geben Ratschläge zur Düngung (z. B. Bodenuntersuchungsinst. Koldingen/Hann., LUFAS).

Wenn die Pflanzen zu keimen beginnen, sollen sie einen gewissen Nährstoffvorrat in den oberen Bo-

Aussaat im Freien

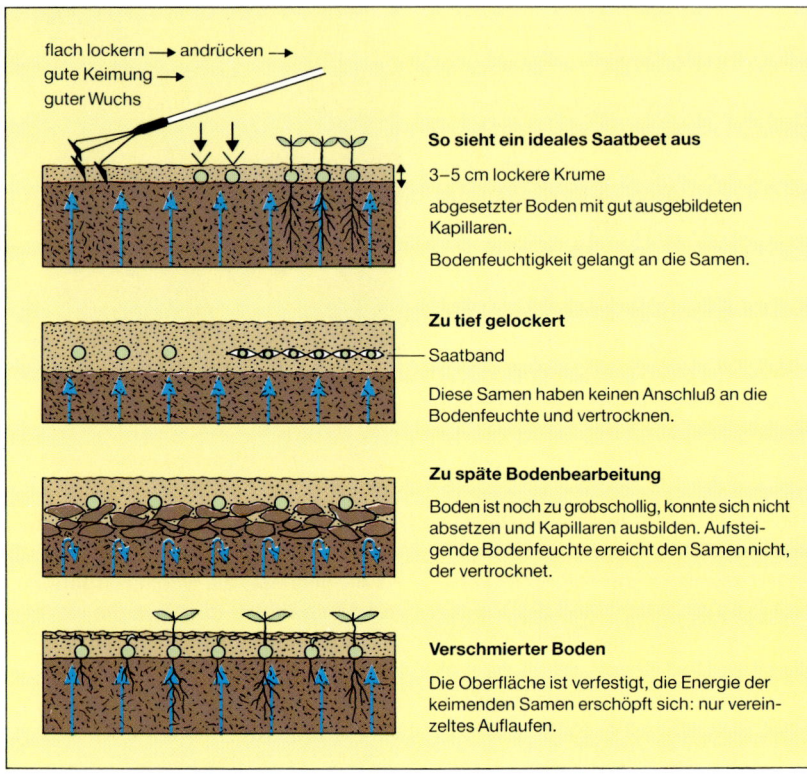

flach lockern → andrücken →
gute Keimung →
guter Wuchs

So sieht ein ideales Saatbeet aus

3–5 cm lockere Krume

abgesetzter Boden mit gut ausgebildeten
Kapillaren,

Bodenfeuchtigkeit gelangt an die Samen.

Zu tief gelockert

— Saatband

Diese Samen haben keinen Anschluß an die
Bodenfeuchte und vertrocknen.

Zu späte Bodenbearbeitung

Boden ist noch zu grobschollig, konnte sich nicht
absetzen und Kapillaren ausbilden. Aufstei-
gende Bodenfeuchte erreicht den Samen nicht,
der vertrocknet.

Verschmierter Boden

Die Oberfläche ist verfestigt, die Energie der
keimenden Samen erschöpft sich: nur verein-
zeltes Auflaufen.

denschichten vorfinden. Ob er aus
mineralisierter Gründüngung, organischer Substanz oder aus einem
mineralischen Volldünger stammt,
ist für die Pflanze nicht entscheidend. Sie kann ohnehin nur Nährstoffe aufnehmen, die in der Feuchtigkeit gelöst sind, die die Wurzel
umgibt. Diese Nährstoffe dringen in
die Wurzeln ein in Form von Ionen,
ein chemoelektrischer Vorgang
also. Wichtig ist, daß die zarten
Wurzeln nicht direkt mit Düngerkör-

nern in Berührung kommen, sie
würden dabei ausgelaugt (verbrennen). Infolgedessen kann eine Mine-
raldüngung, die zu stark ausfällt
oder zusammen mit der Saat ausgebracht wird, riskant sein. 20 g Volldünger pro m² sind daher genug,
und auch diese Nährstoffe sollten
möglichst schon 1–2 Wochen vor
der Aussaat aufgestreut werden.
Bei organischer Düngung können
keine Verbrennungen auftreten,
ebenfalls nicht bei sogenannten

Aussaat im Freien

Langzeitdüngern, die die Nährstoffe erst allmählich oder nur durch die Aktivität der Wurzel freisetzen (z. B. Nitrophoska-Permanent, Floranid, Osmocote, Triabon, Alzodin).

Was bedeutet die Kapillarität?

Die Bodenbearbeitung muß so frühzeitig erfolgen, daß sich das Gefüge der Erdkrumen zum Aussaatzeitpunkt bereits wieder abgesetzt hat, also mindestens 3–4 Wochen vorher. Nicht etwa deshalb, weil der Samen in unergründliche Tiefen verschwinden könnte, sondern weil sich im Boden das durch die Bodenbearbeitung gestörte System der Kapillaren wieder ausgebildet haben muß. Kapillaren sind haarfeine Röhrchen, die aus der Tiefe nach oben zur Oberfläche verlaufen und dafür sorgen, daß übermäßige Bodenfeuchte verdunsten kann. Durch diesen Austrocknungsprozeß entsteht eine immerwährende Saugspannung, die das Wasser in feinster Verteilung aus tieferen Schichten an die Oberfläche führt. Eine Art natürlicher Wasserleitung also, an die wir die Samen anschließen müssen, damit ihnen immer genügend Feuchtigkeit für ihre Entwicklung zur Verfügung steht. Durch eine oberflächliche Bodenlockerung werden die Kapillaren unterbrochen, der Austrocknungsprozeß stark verlangsamt. Im Erhalten der natürlichen Bodenfeuchte beruht auch der Sinn des späteren Hakkens während der Kultur. Beson-

ders wichtig ist es, daß nicht erst im letzten Moment gegraben oder tiefgründig gelockert wird. Ganz verkehrt ist es, 2mal zu graben, im Herbst und im Frühjahr erneut. Zu tiefe Lockerung hat zur Folge, daß der Samen in eine nur von der oberflächlichen Wasserversorgung abhängige Schicht gelangt ohne jede Verbindung zu den Kapillaren. Wie schnell eine solche Schicht austrocknet, kann jeder beurteilen, der nach einigen Tagen Sonnenschein geprüft hat, wo die feuchte Bodenschicht anfängt. Insbesondere Pillen und Saatbänder sind besonders gefährdet, weil ihr Sinn darin besteht, bewußt wenige Pflanzen keimen zu lassen, um damit das Vereinzeln zu sparen. Gerade hier kommt es aber auf jedes Saatkorn an. Es muß genügend Kraft besitzen, den Boden zu durchstoßen (sonst helfen sehr viele Pflanzen mit) und darf auch nicht durch Schädlinge dezimiert werden.

Saatbeetvorbereitung

Die ideale Saatbeetvorbereitung, wie sie eine landwirtschaftliche Maschine praktiziert, wird mit einer Egge zur Oberflächenlockerung, danach einer Krümelwalze und einem Packer durchgeführt, der den Boden ganz flach nur 3–max. 5 cm lockert, den Untergrund aber fest läßt. Darauf folgend werden die Saatrillen gezogen mit Anschluß an die feste, abgelagerte Unterschicht, die Samen ausgelegt, angedrückt

Aussaat im Freien

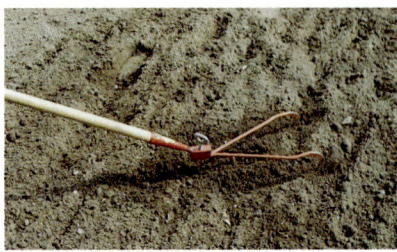

Mit dem Kultivator flach lockern.

Der Reihenzieher entfernt die lockere Krume.

Horstsaat verbessert die Standfestigkeit.

Das Andrücken ist besonders wichtig.

Durchdringend angießen.

Aussaat im Freien

und lockeres Erdreich darüberge-
strichen.
Analog für den Garten bedeutet
dies: Nach dem Winter mit einer
Harke oder einem Kultivator nur
ganz flach durchreißen, damit Ver-
krustungen beseitigt sind (3–5 cm
tief). Mit einer Holz- oder Eisenharke gleichmäßig abgeharkt, präsentiert sich das Saatbeet danach
mit feingekrümelter Erde und eben.
Die Beeteinteilung kann beginnen.

Benötigte Werkzeuge und Geräte
Die Fotoserie zeigt die Arbeiten und
die dazu erforderlichen Werkzeuge
von der Beeteinteilung bis zum
Ende des Sävorganges. Neben dem
schon erwähnten Kultivator und der
grobzinkigen Holzharke, mit der insbesondere auch Unebenheiten gut
beseitigt werden können und einer
feinzinkigen Eisenharke für die letzten Feinheiten, benötigt man vor allem eine Schnur und einen Reihenzieher zum Rillenziehen. Falls nicht
vorhanden, kommen Sie mit dem
Harkenstiel aus. Der Reihenzieher
läßt sich auf gewünschte Reihen-
weiten einstellen. Auch die Tiefe der
Rille fällt gleichmäßiger aus, und die
Arbeit geht natürlich viel schneller
vonstatten. Nicht unbedingt erforderlich, aber für weniger geübte
Säleute durchaus von Vorteil, sind
eine kleine Sämaschine oder eine
Särolle, die die Saat gleichmäßig
ausbringen und das Bücken ersparen. Vor allem bei größeren Flächen
verringert sich hiermit die benötigte

Arbeitszeit, die Samen werden
gleichmäßiger, wenn auch nicht
100%ig präzise abgelegt. Gilt es
viele verschiedene Samen, noch
dazu auf kleineren Beeten auszubringen, sind im Säen geübte Gärtner ohne Maschine mitunter schneller fertig.
Aus praktischen Überlegungen hat
sich die allgemein übliche Beetbreite ergeben, nämlich 1,20 m.
Hierauf finden bei jeweils 10 cm
Rand nach beiden Seiten 5 Reihen à
25 cm oder 6 Reihen à 20 cm Platz.
Auch häufig und sogar noch etwas
bequemer zu bearbeiten ist die
Beetbreite von 1 m mit 4 Reihen à
25 cm + jeweils 10 cm Platz für den
Rand und 5 Reihen à 20 cm, ebenfalls mit Rand.
Sofern keine Plattenwege existie-
ren, markiert man die Beetkante mit
einer Rille. Sie entsteht, wenn die
Hacke oder die Harke an der straff
gespannten Schnur entlang geführt
wird. Die Beete tritt man entlang der
Schnur mit den Schuhen ab. 40 cm
für den Weg sind ein praktisches
Maß, das sowohl das Laufen als
auch Pflegen ermöglicht. Es entspricht überdies der Breite einer
Harke, mit der man später z. B. ge-
zupftes Unkraut entfernt. Längsrei-
hen sind zum Säen und Pflanzen
praktischer als Querreihen. Diese
haben ihre Berechtigung auf einem
Freilandsaatbeet, wenn mehrere
Sorten oder Arten von Blumen und
Gemüse als Jungpflanzen für Nach-
pflanzungen heranwachsen sollen.

Aussaat im Freien

Reihensaat erleichtert die spätere Unkrautbekämpfung. Man kann mit Geräten arbeiten, das Jäten geht schneller. Bei breitwürfiger Aussaat erübrigt sich selbstverständlich das Rillenziehen. Es ist vor allem üblich bei Samen, die sehr flach in den Boden eingebracht werden, z. B. bei Feldsalat, Rasenaussaat, Wildblumeneinsaat oder bei Gründüngung, setzt aber ein unkrautfreies Beet voraus.

Bohnen sind bei reichem Fruchtbehang nicht besonders standfest. Aus diesem Grunde ziehen es viele Gartenbesitzer vor, die Samen nicht fortlaufend in einer Rille, sondern im Abstand von 30–40 cm in sogenannten Horsten mit jeweils 4–6 Samen, dicht beieinander ausgebracht, abzulegen. Auch bei Mais ist dieses Verfahren üblich (Dibbelsalat). Die gewünschte Saattiefe läßt sich mit einer entsprechend tief gezogenen Rille erreichen. Durch die Arbeit mit dem Reihenzieher oder dem Harkenstiel entstehen Rillen von 3–5 cm Tiefe. Für manche Samen kann dies bereits zu tief sein. Bekanntlich sollte die bedeckende Erdschicht maximal 3–4mal so dick sein wie der Samen selbst.

Oben: Der Erfolg gleichmäßiger Saattiefen und Abstände. Unten: Der gleiche Samen schlecht gesät.

5 cm ist also meistens schon zu tief, insbesondere wenn die Humusversorgung des Bodens nicht ausreicht und die Krümelstruktur nicht optimal entwickelt ist. Nicht nur Lehm, auch leichte Sandböden können schon nach mittleren Regenfällen verschlämmen. Dann füllen sich die Poren mit Wasser, verdrängen den Sauerstoff, die Oberfläche wirkt dabei wie betoniert. Wenn dann zu tief gesät wurde, verfault der Samen. Man hat es jedoch in der Hand, mit der Höhe der bedeckenden Erdschicht die optimale Saattiefe herzustellen.

Einige optimale Bedeckungshöhen: Feldsalat 0,5–1 cm, Spinat 1,5–3 cm, Erbsen 2–5 cm, Bohnen 2–4 cm, Gurken 3–4 cm, Möhren (Karotten) 1–2 cm, Radies 0,5–1,5 cm.

Das Aussäen

Wie bereits bei der Aussaat im Zimmer geschildert, läßt sich der Samen mit einiger Übung gleichmäßig

Aussaat im Freien

aus der aufgerissenen Samentüte schütteln. Wenn man die Tüte unter Spannung hält, sie also durchbiegt und der Zeigefinger leicht dagegen klopft, fällt der Samen auch in sehr geringer Zahl heraus. Je dünner er in die Saatrille fällt, desto besser, weil dann die Sämlinge mehr Platz für die Entwicklung erhalten und sich ein späteres Verziehen entweder verzögert oder gänzlich unterbleiben kann. Dies ist auch der Sinn von Pillensamen und Saatbändern, die den Pflanzen zu einem besseren Einzelstand verhelfen.

Der Samen sollte jetzt am tiefsten Punkt der Saatrille auf der festen Schicht des Bodens und nicht in der lockeren Krume liegen. Das Andrücken mit der Rückseite der Harke sorgt dafür, daß er Anschluß an die Kapillaren erhält. Bei Saatbändern und Pillen hat es sich bewährt, jetzt schon in der noch offenen Rille anzugießen. Der Samen schmiegt sich dabei dicht an den Boden, er liegt auf der festen Schicht, erhält den nötigen Kontakt. Erst danach zieht die Harke eine 1–3 cm dicke Schicht (je nach Samenart) lockerer Erdkrume darüber, die bei sehr schwerem, kalten Boden aus reifem humosem Kompost, gekaufter Aussaaterde oder mit Torf im Verhältnis 1:1 vermischter lockerer Erde bestehen sollte, um ein späteres Verschlämmen zu verhindern. Einige Samen, wie z. B. Möhren oder Kräuter, vor allem Petersilie, benötigen eine lange Keim-

zeit, bis ihre Spitzen durch die Erde schauen. Man hilft sich hier mit einem Trick. Einige wenige Samen von schnellkeimenden Radieschen oder auch Kopfsalat werden schon in die Aussaattüte gegeben, durchgemischt und mit ausgesät oder nachträglich darübergesät. So weiß man bald, wo die Saatreihe ist, und kann zwischen den Reihen schon vor dem Aufgang des eigentlichen Saatgutes Unkraut jäten.

Dem Samenhandel ist das absichtliche Mischen von Samen verschiedener Arten oder Sorten untersagt. Lediglich beim Saatband gibt es einige Beispiele für vorprogrammierte Mischkulturen. Der Gartenbesitzer aber darf tun, was ihm gefällt. Das spätere Ergebnis kann durchaus interessant sein, z. B. wenn Sie gelben und roten Pflücksalat (Eichblattsalat) miteinander mischen, verschiedene Sorten von Pflücksalat, verschiedenfarbige Radies- oder Rettichsorten (Mischkulturen s. S. 70).

Wer Probleme hat, dünn genug auszusäen, streckt das Saatgut am besten durch Beimischen von Sand oder Sägespänen. Dieses Verfahren hat sich insbesondere bewährt beim Ausbringen von kleinkörnigem Grassamen, von Wildblumenmischungen sowie bei Gründüngungen, also eher bei der breitwürfigen Aussaat von kleinen Saatmengen auf eine größere Fläche, aber auch bei Möhren, Radies, Salat und anderen feinkörnigen Sämereien.

Ganz wichtig: richtiges Gießen!
Nach dem Schließen der Saatrillen wird nochmals angegossen: auf zum Verschlämmen neigenden Böden weniger, auf leichten sandigen Böden gründlicher. Daß das Saatbeet bis zum Aufgang und späteren Vereinzeln bzw. Verpflanzen konstant feucht bleibt und nicht zwischendurch austrocknet, dürfte eine Selbstverständlichkeit sein. Einige Arten, wie z. B. Astern, Kräutersamen, aber auch Gurken, nehmen dies besonders übel. In Trokkenperioden wird gründlich gegossen mit der Gießkanne oder einem Schlauch mit fein verteilender Brause, damit der Boden nicht verkrustet. Preisgünstige Gießgeräte ersparen das immer neue Einstellen. Ab und zu lohnt sich eine Kontrolle, wie weit das Wasser eingedrungen ist. Dabei offenbart sich häufig, daß oft genug nur die Oberfläche befeuchtet wurde, die Feuchtigkeit also gar nicht an das Saatgut gelangte. Später heißt es dann: »Wir haben immer gegossen!« Ja, sicher! Es fragt sich nur, wieviel! Gründliches Gießen bringt allemal besseren Erfolg als ein letztlich doch nutzloses Befeuchten der Oberfläche. In den Abendstunden kommt das Wasser den Pflanzen am besten zugute, nur wenig kann sofort verdunsten.
Insbesondere leichter Sandboden kann, wenn er ausgetrocknet ist, ebenso wie Torf mit seiner Oberflächenspannung das Eindringen des Wassers verhindern. Am Beispiel beiniger Möhren läßt sich später verfolgen, welchen Effekt dieses oberflächliche Betreuen der Aussaaten in Trockenzeiten brachte: Neben Störungen durch Nematoden und steinigen Untergrund ist es vor allem auf unsachgemäßes Gießen zurückzuführen, wenn die Wurzeln Verkrüppelungen zeigen. Die Pflanzenwurzel kann Feuchtigkeit nur innerhalb der Zone aufnehmen, in die das Wasser vordringt, also beispielsweise in 2–3 cm Tiefe. Die darunter liegende Wurzelspitze stirbt ab, die Möhre entwickelt zwangsläufig neue Seitenwurzeln und hat später »Beine«.

Verfrühen der Aussaaten

Gegen die oben genannten Schwierigkeiten lassen sich Vorkehrungen treffen, nämlich durch Folien, Vlies, Tunnel, Frühbeet und automatische Bewässerung.

Flachfolien
Bereits eine einfache, farblose, transparente Plastikfolie (0,02–0,05 mm stark), gleich nach früher Aussaat im Februar/März für eine kurze Zeit über das Beet gebreitet, an den Seiten eingegraben oder durch Steine beschwert, erhöht die Bodentemperatur tagsüber um 6–8 °C, nachts immerhin noch um 2–3 °C. Keimung und Anwachsen werden spürbar beschleunigt. Spätestens

Aussaat im Freien

Transparente Tunnels und schwarze Mulchfolien fördern wärmeliebende Pflanzen.

1 Woche nach dem Aufgang der Pflanzen muß diese Primitiv-Folie allerdings wieder abgenommen werden, denn die Sämlinge würden darunter verfaulen. Bei einem fortgeschrittenen, späteren Aussaattermin können unbelüftete Flachfolien für die Aussaaten sogar gefährlich werden, weil die Sonneneinstrahlung bereits im April Temperaturen unter der Folie um 50 °C erzeugen kann, wenn die Wärme keine Gelegenheit findet zu entweichen. Solche Temperaturen können das in dem Samen enthaltene Eiweiß abtöten, der Samen verkocht.

Lochfolie und Schlitzfolie

Bei einer gelochten Folie besteht diese Gefahr nicht. Sie kann auch länger auf dem Beet und den Kulturen liegenbleiben. Es ist auf den ersten Blick erstaunlich, aber dennoch wahr: nicht weniger, sondern mehr Löcher erhöhen die Wirksamkeit für die Pflanzenentwicklung. 500–besser 750 Loch pro m² sind das Optimum. Unter solchen Folien entstehen trotz der Löcher mehr Wärme und höhere Luftfeuchtigkeit, auch kann es nicht so leicht zu Verbrennungen kommen.

Die Abdeckung erhöht die wachstumsfördernde Luftfeuchtigkeit, bewirkt eine Temperaturerhöhung (die Abstrahlung der eingefangenen Sonnenwärme wird weitgehend verhindert) und verhindert vor allem das schnelle Austrocknen des Saatbeetes. Als Frostschutz sind Folie und Vlies allerdings nur bedingt wirksam. Das Material selbst hält bestenfalls 2–3 °C Frost ab. Tau und verdunstete Feuchtigkeit, die sich daran tropfenförmig absetzen, können allerdings einen isolierenden Eispanzer bilden. Er schützt dann ähnlich wie eine Schneeschicht im Winter oder die Frostschutzberegnung die Kulturen darunter vor dem Zugriff der Kälte.

Gute Erfahrungen wurden vor allem mit der »mitwachsenden« geschlitzten Folie und mit dem Vlies gemacht. Zwei Saathilfen, die nicht nur den Keimerfolg sichern, sondern auch die darunter liegenden Kulturen enorm in ihrer Entwicklung fördern, sie außerdem vor möglichen Schäden schützen, z. B. vor übermäßigen Regenfällen (Verschlämmen des Bodens), Wind, Hagel und vor tierischen Schädigern, wie Wild (insbesondere Kaninchen), Vögel,

Schnecken und zufliegenden Insekten wie Gemüsefliegen, Bohnenfliege u. a.

Man kann die Schlitzfolie in Maßen von 1,40 × 10 m bekommen. Auf Aussaaten und gepflanztem Gemüse wird sie locker ausgebreitet, seitlich eingegraben bzw. mit aufgelegten Stangen oder Steinen befestigt. Die Folie wächst mit, das heißt, sie zieht sich, durch die sich entwickelnden Pflanzen angehoben, auseinander und öffnet damit eine Vielzahl von Lüftungsschlitzen. Besonders praktisch ist sie deshalb, weil Regen und Gießwasser, ja sogar Düngerlösung durch die Schlitze an die Pflanzen gelangen können. Sie kann auf den ersten Kulturen liegenbleiben. Erst Ende Mai bis Anfang Juni sind die Kulturen so weit gediehen, daß sich ein Schutz erübrigt. Dann sind Kopfsalat, Schnittsalat, Spinat, Radies und Rettich schon erntefähig, die erste Ernte der Frühmöhren steht bereits in Aussicht. Man sollte die milwachsende Folie nicht allzu straff über die Pflanzen spannen, damit sie später noch ohne zu drücken aufliegt. Je nach Weite der Öffnungen werden auch zufliegende Insekten abgehalten. Ein Anbau der Frühgemüse ohne Insektizideinsatz und ohne Maden ist daher möglich, genauso wie beim Vlies.

Mulchfolie
Schlitzfolie gibt es auch als schwarze Mulchfolie zur Bodenbedeckung. Sie verhindert Unkrautwuchs, hält den Boden länger feucht und erwärmt ihn stärker. Damit ist sie besonders gut für Gurkengewächse geeignet (Freilandgurken, Zuckermelonen, Wassermelonen, Kürbisarten, Squash). Düngen und Bodenbearbeitung werden vorher ausgeführt, dann die Folie ausgebreitet und verankert. In kreuzförmige Einschnitte, deren Abstand sich an den Bedürfnissen der jeweiligen Gemüseart orientiert, kann man vorgezogene Pflanzen einsetzen oder direkt hineinsäen.

Schattierfolie
Für die Aussaat von 2jährigen Arten im Sommer gibt es die Schlitzfolie in milchig weißer Einfärbung, als sogenannte »Schattierfolie« bekannt. Diese Einfärbung verhindert das ungehemmte Einwirken der vollen Sonneneinstrahlung, sorgt für einen leichten Schatten und gleichzeitig für ein Saatbeet, das wesentlich länger feucht bleibt bei hoher Luftfeuchtigkeit. Besonders gut gedeihen darunter Stiefmütterchen.

Vlies
Ähnlich in Wirkung und Anwendung sind Vliese zu werten – feine Gespinste in weißer oder grüner Färbung, die die Pflanzen durch ihr geringes Gewicht nicht behindern. Heute übliche Fabrikate sind gegen zersetzende UV-Strahlen stabilisiert. Man kann sie daher mehrfach verwenden. Vlies bietet einen wirk-

Aussaat im Freien

samen Schutz vor Insektenzuflug. Es hat sich – wie Schlitzfolie – im biologischen Anbau und Erwerbsanbau bewährt.

In gewisser Weise ersetzen Folien und Vlies aufwendigere Einrichtungen, wie Tunnels und Frühbeetkästen. Sie sind weniger pflegeaufwendig, müssen nicht extra gelüftet und gegossen werden. Auch den Winter über leisten sie wertvolle Dienste, nämlich dann, wenn in der kalten Jahreszeit z. B. Wintersalat, Feldsalat, Winterportulak, Zuckerhutsalat, Petersilie Schutz vor austrocknenden Winden und extremer Kälte gebrauchen können.

Tunnel

Folientunnels sind in verschiedenen Formen auf dem Markt. Auf elastischen Bögen tragen sie darübergespannte Folien. Sie sind im allgemeinen 50–60 cm hoch. Begehbare Tunnels kann man schon den Kleingewächshäusern zurechnen. Diese Höhe reicht aus, um Pflanzen darunter fertig zu kultivieren bis zur Ernte. Tunnels verhelfen Pflanzen zu hoher Luftfeuchtigkeit und größerer Wärme. Es werden verstärkt mit Löchern versehene Folien verwendet, wodurch das Gießen vereinfacht und vor allem bei nach wie vor verbessertem Kleinklima eine gewisse Abhärtung erreicht wird.

Frühbeet

Frühbeetkästen sind feste oder tragbare Konstruktionen, die der Pflanzenanzucht und Kultur dienen. Wer will, kann sie mit Mist packen oder mit einer elektrischen Heizmatte ausstatten. Aber auch das kalte, ungeheizte Frühbeet ist häufig in Gebrauch und sorgt mit den darauf gelegten abnehmbaren Fenstern dafür, daß den Aussaaten und Pflanzen ein günstiges Kleinklima zur Verfügung steht. Beim Eigenbau sollten Sie unbedingt darauf achten, daß die verwendeten Holzteile nur mit einem für Pflanzen unschädlichen Imprägnierungsmittel gestrichen werden. Zum Bau von Frühbeetkästen eignen sich Holz, Betonfertigteile, Eternit, Glas oder transparentes Plastikmaterial. Fertige Frühbeete, auch als Wanderkasten konstruiert, also leicht transportabel, gibt es in vielen Ausführungen. Ein gängiges Maß für die Frühbeetfenster zum Auflegen ist 100 × 150 cm. Hierfür gibt es genormte Glasscheiben zum Einschieben in fertige oder selbstgebaute Rahmen. Statt des zwar lange haltbaren, aber etwas teueren Glases können Sie den Rahmen auch mit einer kurzlebigeren Folie bespannen (0,15–0,2 mm dick). Damit sich kein Regenwasser sammelt (und auch zur Stabilisierung), sollten Sie die Folie über 1–2 leicht nach außen gewölbte kräftige Drähte spannen. Holzleisten, die kreuzweise angebracht sind, verhindern ebenfalls ein Durchhängen der Folie. Nach der Pflanzenanzucht und der Sommerkultur mit Gurken, Melonen und Paprika dient das

Aussaat im Freien

Frühbeet im Spätherbst oder Winter als Einschlag für Endivien, Chinakohl und Zuckerhutsalat. In ihm können auch Feldsalat, Winterportulak und Radicchio 'Roter Veroneser' zur Winterernte kultiviert werden. Auch für Frühbeete gibt es die im Gewächshausbau bewährten automatisch arbeitenden Fensteröffner, gesteuert durch einen Zylinder mit Spezialöl, das sich bei Wärmeschwankungen zusammenzieht oder ausdehnt. Er funktioniert daher ohne Strom und ohne Motor und fast wartungsfrei.

Bewässerung

Neben der Lüftung läßt sich auch die Bewässerung automatisieren, wobei es Systeme gibt, die ohne Elektroanschluß arbeiten, gesteuert durch Zylinder aus besonders reaktionsfähigem Holz oder Ton. Diese Materialien dehnen sich aus oder ziehen sich zusammen, je nach Sättigung mit Feuchtigkeit. Sie funktionieren in jedem Garten. Wirklich präzise arbeiten jedoch nur kostenaufwendigere Systeme, die die Feuchtigkeit auf elektrischem Wege messen, entweder mit einem Fühler im Boden oder mit einer Tauwaage, die bei Abtrocknen der Oberfläche leichter wird und dabei selbsttätig einen Schalter in Bewegung setzt. Für größere Pflanzen gibt es auch Systeme mit Tröpfchenbewässerung, sogar für den Balkon.

Fruchtfolge, Mischkultur, Fruchtwechsel

Jeder Gartenbesitzer steht vor drei offensichtlichen Problemen, die sich jedes Jahr wieder stellen: Wie teile ich meinen Garten nach Abzug der Sträucher und Staudenbeete ein? Wie kann ich die Kulturen in ihrer zeitlichen Folge so planen, daß die Beete nicht zwischendurch leer stehen (Fruchtfolge)? Das dritte Problem ist ein durchdachter Fruchtwechsel, der nötig ist, um schädliche Langzeitwirkungen auszuschalten.

Mit dem knappen Platz im Garten muß man haushälterisch umgehen. Der Fruchtwechsel gebietet, daß er jedes Jahr etwas anders aufgeteilt wird. Dennoch kann man sich ein Schema erstellen, das in sich gleich bleibt, mit dem man aber durch den Garten wandert. Die Mischkulturen steigern den Ertrag pro Flächeneinheit und sind daher besonders für kleine Gärten eine Notwendigkeit. Bei richtiger Planung kann eine 4köpfige Familie ihren hauptsächlichen Bedarf an Gemüse von 15–20 m^2 decken. Wer mit kleinstem Raum auskommen muß, zieht hoch ertragreiche Gemüsearten anderen vor (z. B. Stangenbohnen statt Buschbohnen, Mangold statt Spinat, Tomaten statt Kohl).

Ein weiterer Gesichtspunkt bei Mischkulturen hat heute besondere Bedeutung gewonnen. Beobachtungen ergaben, daß manche Pflanzen sich gegenseitig fördern. Andere Pflanzenarten dagegen können sich »nicht riechen«. Ihre Blatt- und Wurzelausscheidungen wirken sich ungünstig aufeinander aus. Wieder andere werden von den gleichen Schädlingen und Krankheiten befallen. Sie direkt nebeneinander zu pflanzen, hätte auch nachteilige Auswirkungen. Glücklicherweise wurden diese Erscheinungen nur bei wenigen Arten beobachtet. Über Mischkulturen gibt es heute viel weiterführende Literatur.

Ungünstige Mischkulturen

Porree (Lauch)	⟷ Bohnen, Erbsen, Roten Rüben
Möhren (Karotten)	⟷ Roten Rüben
Zwiebeln, Knoblauch	⟷ Porree (Lauch), Frühkartoffeln
Kartoffeln	⟷ Tomaten, Erbsen
Gurken	⟷ Sellerie, Rettich, Kohl, Rote Rüben
Erbsen, Bohnen	⟷ Zwiebeln, Knoblauch, Tomaten
Tomaten	⟷ Kartoffeln, Rotkohl, Fenchel, Erbsen, Bohnen
Petersilie	⟷ Sellerie, Salate
Spinat	⟷ nicht vor Roten Rüben

Eine grundsätzliche Regel des Gärtners besagt, daß ein und dieselbe Art nicht mehrfach hintereinander auf das gleiche Beet ausgesät werden darf. Nur wenige Pflanzenarten sind mit sich selbst verträglich, bei ihnen zeigt der Nachbau keine Schäden. Für die meisten gilt, daß dem Boden einseitig Nährstoffe entzogen werden, sich Giftstoffe als Stoffwechsel-Endprodukte ablagern, Krankheitserreger sofort wieder einen guten Nährboden finden, Schädiger angelockt werden und sich, wenn ständig neue Wirtspflanzen vorhanden sind, so kräftig vermehren können, daß zum Schluß der Anbau unmöglich wird.

Die Ursachen solcher Schädigungen, die sich in Kümmerwuchs, schlechtem Ertrag und auch durch Verkrüppelungen äußern, sind häufig im Boden freilebende oder »zystenbildende« Arten von Nematoden, mikroskopisch kleinen fadenförmigen Würmern. Sie dringen von der Wurzel her in die Pflanze ein und entziehen ihr Nährstoffe. Die Pflanze versucht, darauf zu reagieren und die Eindringlinge abzukapseln. An den Wurzeln von Möhren, Kartoffeln, Petersilie und anderen Kulturpflanzen sind diese stecknadelkopfgroßen Gebilde deutlich zu sehen. Wird die Pflanze geerntet oder zergeht sie, bleiben die Zysten im Boden. Aus ihnen schlüpfen im Frühjahr des nächsten Jahres neue Erreger und durchwandern den Boden auf der Suche nach neuen

Aussaat im Freien

Nematoden sind häufig die Verursacher von beinigen Möhren.

»Feindpflanzen« wie diese Sommerblumen fangen Nematoden.

Wirtspflanzen. Wird beim Fruchtwechsel gesündigt, steigt ihre Zahl so stark an, daß mitunter der Anbau aufgegeben werden muß.

Einfach und umweltfreundlich ist die Aussaat von nematodenfangenden Gründüngungspflanzen (bestimmte Ölrettich- und Senfsorten sind wirksam gegen Rübennematoden). Eine ganze Reihe von Sommerblumen aus der Familie der Korbblütler erwiesen sich als nematodenanlockend. Die Schädiger dringen in die Wurzeln ein, können sich noch eine Weile in der Pflanze halten, aber nicht weiter vermehren. Mit dem Entfernen der Pflanze (Kompostieren oder Umgraben) wird die Fläche zu einem sehr hohen Grade nematodenfrei. Die Pflanzenwurzeln dringen auch in tiefere Schichten vor. Wirksame Pflanzen sind z. B. *Tagetes* (Studentenblumen – vorwiegend die niedrigen Arten), ferner *Rudbeckia* (Sonnenhut), *Coreopsis* (Sonnenauge), *Helenium* (Sonnenauge), *Gaillardia* (Kokardenblume)

und andere, z. B. auch Spargel. Eine Mischung dieser Sommerblumen ist unter dem Namen »Gartendoktor« im Handel. Mit ihr kann man in einen geschädigten Fruchtwechsel zunächst einmal Grund hineinbringen, also die Fläche sanieren und anschließend dafür sorgen, daß nicht erneut gesündigt wird. Ein Fruchtwechsel von 6–7 Jahren reicht im allgemeinen aus, um nicht nur Nematoden, sondern auch bodenbürtige Welkepilze, wie z. B. *Fusarium* (verantwortlich für die Asternwelke), auszuhungern. Die Aussaat der Gründüngungspflanzen erfolgt breitwürfig oder in Reihen zwischen die zu schützenden Kulturen. Die nematodenfangenden Korbblütler wirken vor allem bei der großen Familie der Rosengewächse, nämlich bei Rosen selbst, Erdbeeren, Beerenobst, Obstgehölzen, z. B. Apfel, Birne, Quitte, Pflaume, aber auch bei mehreren Gemüsearten, wie Möhren, Petersilie, Sellerie, Dill und einigen Stauden.

Spezielle Aussaatempfehlungen

Gründüngung

Unter Gründüngung versteht man Pflanzen, deren einziger Zweck es ist, möglichst viel Blatt- und Wurzelmasse zu produzieren, und zwar in möglichst kurzer Zeit. Diese wird dann anschließend in den Boden eingearbeitet und dient den dort lebenden Mikroorganismen als Nahrung. Sie verwandeln Grünmasse in Nährhumus. Gründüngung ist die preisgünstigste Art der Humusversorgung. Sie dient der Gesundung der Böden und dem Erhalt der Bodenfruchtbarkeit.

Viele Gründüngungspflanzen aus der Familie der *Leguminosae* (Schmetterlingsblütler) sind überdies in der Lage, Stickstoff aus der Luft aufzunehmen und mit Hilfe der Bakterienarten, mit denen sie in Symbiose leben, einzulagern. Beim näheren Betrachten der Wurzeln findet man leicht die erwähnten Knöllchen. Beim Zergehen der Pflanze wird der Stickstoff allmählich frei. Es sind immerhin beachtliche Mengen, die auf diese Weise in den Boden gelangen. Man rechnet pro ha mit 150–200 kg reinem Stickstoff, eine Menge, die ausreicht, fast alle Gemüsekulturen ausreichend zu ernähren, mit Ausnahme von Kohl. Gründüngung lockert und beschattet den Boden, macht ihn durchlässig und regeneriert die Bodenfruchtbarkeit. Die Grünmasse wird kurz vor der Blüte mit einer Sichel abgemäht oder mit dem Spaten

flach untergegraben, wobei für die Umsetzung ausreichend Feuchtigkeit und eine leichte Stickstoffdüngung (20 g pro m²) gegeben werden sollte. Die meisten Gründüngungspflanzen sind nicht winterhart. Man läßt sie bis zum Eintritt des Frostes stehen. Die abgefrorene Pflanzenmasse kann den Boden auch den Winter über bedekken und wird erst im Februar/Anfang März untergegraben (s. S. 57). Bei der Aussaat ist zu beachten, daß der Samen nicht zu dick ausgestreut wird. Die Pflanzen benötigen später ausreichend Standraum. Der Samen darf nicht stark bedeckt werden, man harkt ihn nur leicht ein. Auch obenauf liegender Samen wird keimen, sofern das Saatbeet nicht austrocknet.

Bevorzugte Gründüngungspflanzen sind Bitterlupinen, gelb für leichte

Von Gelbsenf gibt es auch nematodenfeindliche Sorten.

73

Spezielle Aussaatempfehlungen

Gründüngungspflanzen für den Garten

Pflanzenart	Saatzeit bis	Saatgut-bedarf g/100 m²	Verwendung auf Böden	Bemerkungen
Leguminosen				
Ackerbohnen	Anf. VIII	2000	mittleren–schweren	tiefwurzelnd
Bitterlupinen blau	Anf. VIII	1600	leichten	
Bitterlupinen weiß	Anf. VIII	2400	schweren	tiefwurzlend
Bitterlupinen gelb	Anf. VIII	1500	leichten	
Serradella	Anf. VIII	800	leichten–mittleren	
Sommerwicken	Ende VIII	600	leichten–schweren	
Winterwicken	Mitte VIII	100	allen	
Zottelwicken	Mitte VIII	2000	allen	
Felderbsen	Ende VIII	1800	allen	
Kleearten				
Inkarnatklee	Ende VIII	300	allen	schöne rote Blüte
Luzerne	Anf. VIII	350	allen	guter Stickstoff-sammler
Perserklee	Ende VIII	150	allen	guter Stickstoff-sammler
Gräser*				
Einjähriges Weidelgras	Ende VIII	250	allen	nematodenneutral
Deutsches Weidelgras	Ende VIII	250	allen	nematodenneutral
Welsches Weidelgras	Mitte IX	250	allen	nematodenneutral
Kreuzblütler*				
Herbstrüben	Mitte VIII	200	leichten	gutes Viehfutter
Markstammkohl	Anf. VIII	120	allen	gutes Viehfutter
Ölrettich	Anf. IX	200	allen	nematoden-fangende Sorten
Winterraps	Mitte VIII	300	allen	
Gelbsenf	Mitte IX	20	leichten	
Sonstige				
Buchweizen	Anf. VIII	80–100	leichten–mittleren	auch für Sommer gute Bienenweide
Phacelia	Anf. IX	120	leichten–mittleren	sehr gute Bienen-weide
Sonnenblumen	Ende VIII	50	allen	
Mischungen				
Landsberger Gemenge	Mitte IX	250	allen	
Grünaktiv	Anf. VIII	1200	schweren	
Grünhumus	Anf. VIII	1200	leichten–mittleren	

* Verwendung auf Kohlhernie-gefährdeten Böden ist problematisch.

Spezielle Aussaatempfehlungen

Sandböden, blau für mittlere und weiß für schwere Böden, ferner *Phacelia* (Bienenfreund) mit schnellem Wachstum und schneller Beschattung des Bodens. Diese Pflanze blüht mit hübschen blauen Blüten, die zahlreichen Besuch von Insekten erhalten. *Phacelia* ist mit keiner anderen europäischen Pflanzenart verwandt und deshalb vor allem auch auf leichten Böden einzusetzen, wo der vielfach verwendete Gelbsenf als Kreuzblütler wegen der Gefahr der Weiterverbreitung von Kohlhernie nicht unbedenklich ist. Auf schweren Böden ist gegen Gelbsenf (= Weißer Senf) nichts einzuwenden. Gelbsenf wächst sehr schnell heran und kann noch sehr spät, im September, ausgesät werden. Er sammelt zwar keinen Stickstoff, hinterläßt jedoch einen mürben Humus. Die Tabelle gibt eine Übersicht über weitere geeignete Gründüngungspflanzen.

Gründungsmischungen lösen viele Probleme gleichzeitig: Tiefenlockerung, Bio-Masse, Stickstoffanreicherung.

Phacelia wird gerne von Insekten besucht, heißt daher auch Bienenfreund.

Rasen, Blumenwiesen

Zwischen Ende März und Oktober liegt die Periode, in der neue Rasenflächen und auch Blumenwiesen angelegt werden können. Die besten Monate sind April, Mai und August/September. Die sommerliche Hitze sollte man wegen der Gefahr des Austrocknens meiden. Der Bodenvorbereitung kommt bei der Neuanlage eine besondere Bedeutung zu.

Spezielle Aussaatempfehlungen

Bodenvorbereitung

Da die Gräser sehr lange in der nur 10–15 cm starken Oberschicht leben müssen, muß sie besonders stark mit Humus angereichert werden.

Entweder sät man vorher Gründüngung aus und arbeitet die Grünmässe ein, oder es wird Dauerhumusmasse, nämlich Torf und Rindenhumus, eingebracht. Pro 100 m² Fläche sind 4–8 Großballen angebracht, je nach Zustand des Bodens – bei sandigem Lehmboden weniger, bei Sand und schwerem Lehm mehr. Die Verbesserung mit Humus hat den Sinn, die Wasserspeicherfähigkeit des Bodens zu erhöhen. Hierzu kann man auch Agrar-Bentonit (Edasil) verwenden in Mengen von 100–150 g pro m². Dieses Mineral sorgt für eine bessere Bindung der Bodenteile. Eine Fräse und auf kleinen Flächen der Kultivator leisten beim Einarbeiten gute Dienste. Auch Vorratsdüngung gelangt dabei in den Boden, vorzugsweise Langzeitdünger wie z. B. Rasenfloranid, dessen Nährstoffe erst allmählich frei werden.

Blumenwiesen werden oft auf Flächen angelegt, die bereits einen Rasen getragen haben, der im Laufe der Jahre kräftig gedüngt und mit Nährstoffen angereichert ist. Zum guten Gedeihen benötigen sie aber genau das Gegenteil, nämlich nährstoffarme, abgemagerte Böden, da sonst die Grasentwicklung zum Nachteil der Blumen zu üppig

wird. Ein solcher Boden ist abzumagern, d. h., die alte Rasenfläche sollte in den letzten Jahren nicht mehr gedüngt werden. Außerdem verbessern grobkörniger Sand, feiner Kies oder Splitt (Grolit), die Oberfläche. Um eine abwechslungs- und artenreiche Vegetation zu erhalten, ist es sinnvoll, durch Aufbringen von Lehm-, Kalkmergel oder Sand, Stellen mit unterschiedlichem Kalkgehalt und pH-Werten zu schaffen.

Die Oberfläche wird von allen Wurzeln und Steinen gesäubert, die später dem Rasenmäher zum Verhängnis werden können. Sodann wird die Fläche eingeebnet, Vertiefungen ausgeglichen. Eine kleine Erhebung, ein Wall, läßt die ganze Anlage großzügiger wirken.

Die Oberfläche wird nun verdichtet, was bei kleinen Flächen (bis 200 m²) am einfachsten durch Antreten und bei größeren Flächen mit einer Walze geschieht. Auch dabei werden Unebenheiten sichtbar. Jetzt lassen sie sich mit dem Rükkenholz einer Holzharke noch gut beseitigen. Zum Verdichten eignen sich auch Trampel-Brettchen, die man mit Schnüren an seinen Füßen befestigt und mit denen man sich über die Fläche bewegt.

Die Aussaat

Der Samen muß möglichst gleichmäßig verteilt werden. Das gleichmäßige Säen von Hand gelingt nicht jedem auf Anhieb und erfordert et-

Eine Blumenwiese mit Stauden, die sich im 2. und 3. Jahr entwickeln.

was Übung. Es gibt jedoch Streuwagen und Saatrollen, die man in gut sortierten Gartenfachgeschäften oder beim Gärtner ausleihen kann. Ich empfehle zunächst einmal die Hälfte des Saatgutes, in gleichmäßigem Abstand über die Fläche wandernd, auszubringen und die andere Hälfte dann quer zur bisherigen Arbeitsrichtung nachzusäen. Die Aussaatmengen/m² richten sich nach der verwendeten Mischung. Extrem niedrige Aussaatmengen braucht man bei Blumenwiesen: 6 g bei schwerem Boden, 10 g bei leichtem Boden. Zierrasenaussaaten liegen zwischen 15–20 g bei feinsamigen Golfsamenmischungen und 30–40 g bei grobsamigem Sportrasen. Durch Einmischen in Sägespäne oder trockenen Sand 1:1 läßt sich die Saatmenge strecken. Natürlich kann man den Samen auch mit Geräten ausbringen, z. B. mit Sämaschinen, als Streuwagen bezeichnet und auch zum Düngen geeignet. Auch Walzen, Rollen und Igel zum Einarbeiten des Samens kann man in gut sortierten Gartenfachgeschäften oder beim Gärtner leihen. Auf kleinen Flächen genügt eine Eisenharke, mit der man einmal längs zur Särichtung über die ganze Fläche hinweg flache Rillen zieht, wobei der Samen bereits leicht mit dem Boden vermengt wird.

Spezielle Aussaatempfehlungen

Vor allem bei Blumenwiesen darf die Saatgutmischung nicht tief eingearbeitet werden, da dies für Lichtkeimer wie eine Reihe der in der Natur vom Wind angewehten feinen Samen bereits das »Aus« bedeuten könnte. Nochmaliges Anwalzen oder Antreten erhöht den Bodenkontakt. Anschließend das Saatbeet nie austrocknen lassen, aber auch nicht verschlämmen. Am besten bleibt ein Sprühschlauch oder Regner auf der Fläche stehen und befeuchtet sie täglich für 5–10 Minuten.

Die Feuchtigkeit ist besonders wichtig, wenn Blumenwiesenmischungen ausgesät wurden. Die darin enthaltenen Samen entstammen einem Feuchtbiotop, das in der Natur über eine lange Periode (mindestens 6–7 Wochen) ideale Bedingungen bietet. Wird das Beregnen zu früh eingestellt, entwickeln sich außer den Rasengräsern nur die schnellwachsenden einjährigen Wildblumen wie Mohn, Kornblume oder Natternkopf, nicht jedoch die Stauden, auf die es in den folgenden Jahren ankommt, wenn sich die einjährigen Arten in der nun sprießenden Wiese nicht mehr halten können.

Der erste Schnitt

Der erste Schnitt erfolgt beim Rasen möglichst noch mit der Sense. Bei einem Mähen mit einer Maschine besteht die Gefahr, daß die noch nicht genügend verankerten

Im Jahr der Aussaat überwiegen noch einjährige Blumen.

Spezielle Aussaatempfehlungen

Pflänzchen herausgerissen werden. Bei der Blumenwiese liegt der erste Schnitt wesentlich später, nämlich ca. Ende Juli bis Anfang August, wenn der erste Schub der Blüten verblüht ist und die Wiese beginnt, unansehnlich zu werden. Auf diesen Sommerschnitt kommt es besonders an, damit Pflanzen, die im nächsten Jahr blühen sollen, im Herbst noch genügend Licht und Luft bekommen. Ein zweiter Schnitt erfolgt im Spätherbst (Ende Oktober/November), um die im Winter ohnehin erfrierende nachgewachsene Pflanzenmasse zu beseitigen. Auflaufende Unkräuter sind ein Problem, das sich beim Rasen durch den regelmäßigen Schnitt löst. In Blumenwiesen drohen sie durch üppigen Wuchs mitunter die Blumen zu ersticken. Sind sie zu zahlreich für das Jäten von Hand, erfolgt ein vorzeitiger Schnitt, handhoch, der sogenannte Reinigungsschnitt. Wie beim Rasen leidet das Unkraut in seiner Entwicklung beträchtlich, so daß den Blumen nun eine wesentlich bessere Chance verbleibt. Leider geht dabei auch ein Teil der meist besonders schönen ersten Blüte der Wiese verloren, so daß Sie besser daran tun, die Fläche vor der Aussaat unkrautfrei zu bekommen, z. B. durch mehrfache Bodenbearbeitung. Gegen hartnäckige Wurzelunkräuter helfen (für den Boden unbedenkliche) Mittel wie Roundup (Weedex, Filatex), mit denen Sie die Pflanzen auch betupfen können.

Farne

Farne vermehren sich auf geschlechtlichem Wege nicht durch Samen, sondern durch Sporen. Diese sind bei erwachsenen Pflanzen an den Unterseiten der Wedel in graubraunen, strichförmig angelagerten Gebilden zu finden und sehen beim Abklopfen wie Staub aus. Freilandfarne bilden die Sporen im Spätherbst aus. Sie können die Wedel abschneiden und, in Zeitungspapier eingeschlagen oder in einem Leinensäckchen verstaut, einige Zeit kühl und trocken lagern. Nach 2–3 Monaten sind sie aussaatreif. Farne sind sehr stark durch die Konkurrenz von Pilzen und Algen gefährdet. Infolgedessen soll die Aussaat unter möglichst sterilen Bedingungen erfolgen. Füllen Sie eine saubere Schale mit abgekochtem Wasser und legen Sie einen Ziegelstein hinein, der mit sterilisierter Erde bedeckt ist (ca. 1 cm hoch). Auch Torfbrocken oder Torfplatten sind geeignet. Säen Sie hierauf die Sporen dünn verteilt aus und halten Sie immer so viel Feuchtigkeit, daß Erde oder Torf nicht austrocknen, 1–2 cm Wasserhöhe genügen. Verstauen Sie alles in einem Plastikbeutel, den Sie verschließen, oder bedecken Sie das Gefäß mit einer Glasplatte. Innerhalb von 2–8 Wochen erfolgt die Keimung der Sporen.
Es entwickeln sich Vorkeime, auf denen nun erst die geschlechtliche

Farne bilden aus Sporen zunächst Prothallien. Auf ihnen erfolgt die Befruchtung mit neuen Pflanzen als Ergebnis.

Kakteen

Die meisten Kakteen stammen aus Wüstengebieten, in denen nach langer Trockenheit ein Frühjahrs- oder Gewitterregen die vielleicht für Jahre einmalige Chance zum Keimen der Samen bringt. Infolgedessen sind die auf dem dürren Boden ausgestreuten Körner bestrebt, innerhalb von kürzester Frist zu schwellen und zu keimen.

Auch bei selbst erzeugtem oder gekauftem Kakteensamen ist innerhalb von 10–20 Tagen bei tagsüber 25, nachts 18–20 °C mit dem Aufgang zu rechnen. Wie in der Natur sollen die Samen dabei anfangs sehr naß, aber doch luftig und nicht in einem ständigen Wasserbett liegen. Über die geeignete Kakteenerde, ob mehr im sauren oder im basischen Bereich liegend, gehen die Meinungen und Erfahrungen auseinander. Verwenden Sie eine gekaufte Kakteenerde oder eine sehr durchlässige Aussaaterde, die auch Torf enthalten darf. Benutzen Sie als Aussaatgefäß einen Topf oder eine Schale, die bis zur Hälfte mit durchlässigem Kies oder Ziegelgrus gefüllt wird. Darüber kommt die Erde. Drücken Sie sie fest an und legen Sie darauf den mitunter staubfeinen, oft aber auch gut faßbaren Samen aus. Decken Sie nun eine dünne Schicht von grobem Sand oder feinem Kies (Körnung 2–4 mm) darüber und gießen Sie mit einem Spritzball oder mit feiner

Vereinigung erfolgt. Schon nach 12–15 Wochen wird der Bestand zu dicht und muß pikiert werden, am besten auf schwach gedüngtes Torfkultursubstrat. Die Weiterkultur erfolgt dann in Töpfchen von 5–6 cm Durchmesser, im Haus oder an schattiger Stelle im Freien (bei Freilandfarnen). Keimtemperatur 18–21 °C, dunkel halten. Interessante Arten aus dem Gewächshaus und für den Zimmerbereich sind: *Adiantum* (Frauenhaarfarn), *Asplenium nidus* (Vogelnestfarn), Blechnum, Platycerium alcicorne (Geweihfarn).

Spezielle Aussaatempfehlungen

Aussaaten im Zimmer oder Gewächshaus – bei welchen Temperaturen?

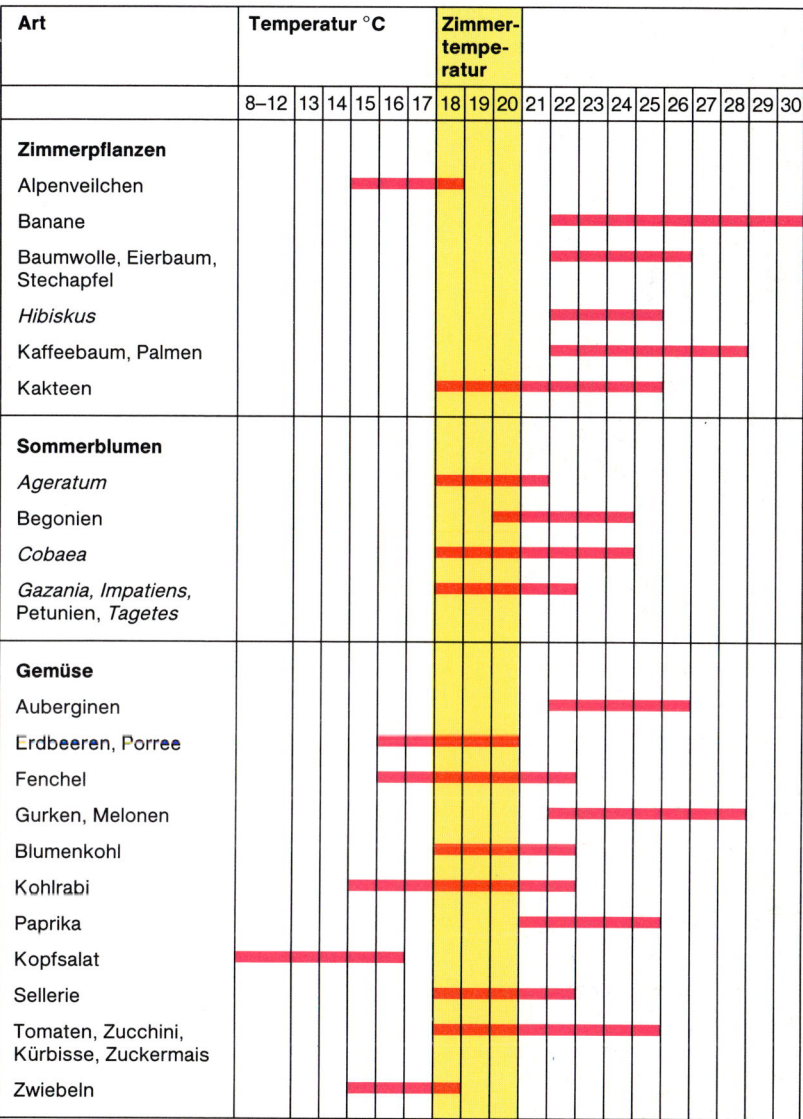

Art	Temperatur °C (empfohlener Bereich)
Zimmerpflanzen	
Alpenveilchen	15–18
Banane	22–30
Baumwolle, Eierbaum, Stechapfel	22–26
Hibiskus	22–25
Kaffeebaum, Palmen	22–27
Kakteen	18–20
Sommerblumen	
Ageratum	18–21
Begonien	20–24
Cobaea	18–21
Gazania, Impatiens, Petunien, *Tagetes*	18–22
Gemüse	
Auberginen	24–27
Erdbeeren, Porree	15–20
Fenchel	15–20
Gurken, Melonen	22–28
Blumenkohl	18–21
Kohlrabi	15–20
Paprika	20–24
Kopfsalat	8–15
Sellerie	18–21
Tomaten, Zucchini, Kürbisse, Zuckermais	18–23
Zwiebeln	18–20

(Temperaturskala: 8–12, 13, 14, 15, 16, 17, **18, 19, 20** (Zimmertemperatur), 21, 22, 23, 24, 25, 26, 27, 28, 29, 30 °C)

Spezielle Aussaatempfehlungen

Kakteen keimen schnell. Eine Abdeckung mit Sand bekommt ihnen gut.

Dattelpalmen benötigen erheblich mehr Zeit; die Wurzeln erscheinen vor den Blättern.

Brause kräftig an, so daß das Substrat sich voller Wasser saugt. Staunässe jedoch vermeiden. Die Schale wird in ein Zimmergewächshaus gestellt oder in einem Plastikbeutel verschlossen. An hellem, aber nicht sonnigem Platz verbleiben die Samen bis einige Zeit nach dem Aufgang. Immer von unten über Untersetzer gießen. Von jetzt an luftig halten. Nach etwa 3–5 Monaten wird pikiert. Lebende Steine und schnellwachsende Minikakteen können bei sehr guter Kulturführung nach 1–2 Jahren blühen. Diese Methode eignet sich auch für Sukkulenten.

Zimmerpflanzen

Die meisten Zimmerpflanzen stammen aus subtropischen und tropischen Gebieten. Hohe Temperaturen zwischen 15 °C als untere Grenze und 30, 35, ja sogar 40 °C sind in den Tropen üblich. Hohe Luftfeuchtigkeit, hohe Niederschläge, ein schneller Ablauf der Lebensvorgänge und damit verbunden auch ein relativ rasches Erlöschen der Keimfähigkeit kennzeichnen die Bedingungen für Pflanzen aus dem Urwald. Unsere häuslichen Temperaturen um 18–20 °C

Rex-Begonien gibt es in hübschen Farben. Den Samen erhält man in gut sortierten Samenfachgeschäften.

genügen den im Samenhandel angebotenen Zimmerpflanzen tropischen Ursprungs nur bedingt. Vor allem zum Keimen werden höhere Temperaturen benötigt: 25–28 °C. Niedrigere Temperaturen verzögern und erschweren den Keimvorgang. Es ist daher für die Pflanzen der in Tabelle S. 84 folgenden Arten notwendig, für eine regelbare Wärmeplatte, eine Keimbox mit Heizung oder aber für einen Aufenthalt in der Nähe eines Heizkörpers zu sorgen. Das Abdecken des Saatgefäßes mit Schrumpffolie, einer Glasplatte oder Plastikhaube oder aber das Einbin-

den in einen Plastikbeutel sorgen dabei für hohe Luftfeuchte und verhindern das Austrocknen während des oft langen und unregelmäßigen Keimvorgangs.

Eine zweite Gruppe aus Gebieten mit subtropischem Klima (z. B. aus dem Mittelmeerraum, Australien, Höhenlagen tropischer Länder) verträgt zwar keinen Frost, möchte jedoch bei kühlen Temperaturen gedeihen. Nicht ständig geheizte, frostfrei gehaltene Wintergärten, Flure, Schlafzimmer und kühle Veranden sind ideale Aufenthaltsorte. Unter ihnen gibt es sehr schöne Arten.

Spezielle Aussaatempfehlungen

Aussaattabelle für Zimmerpflanzen

Pflanzenart	Aussaatzeit	Opt. Keimtemperatur [°C]	Keimdauer
Schönmalve (Abutilon)	ganzjährig	21–25	3–4 Wochen
Falsche Mimose (Acacia)	ganzjährig	22–25	3–5 Wochen
Wüstenrose (Adenium)	ganzjährig	18–22	1–2 Wochen
Keulenlilie (Agapanthus)	ganzjährig	15–18	1–3 Monate
Agave	ganzjährig	12–18	1–3 Monate
Aloe	ganzjährig	20–26	1–6 Monate
Inkalilie (Alstroemeria)	ganzjährig	18–22	1–6 Monate
Amaryllis	ganzjährig	20–25	3–10 Wochen
Kronenanemone (Anemone coronaria)	Feb.–April	10–15	3–4 Wochen
Zierspargel (Asparagus)	ganzjährig	22–24	4–7 Wochen
Begonie (Begonia)	ganzjährig	20–22	2–3 Wochen
Bromelien	ganzjährig	22–26	3–12 Wochen
Blauglöckchen (Browallia)	II–V	12–22	1–2 Wochen
Pantoffelblume (Calceolaria)	VIII–X	18–22	2–3 Wochen
Zylinderputzer (Callistemon)	ganzjährig	14–18	1–2 Monate
Ampelglockenblume (Campanula)	I–III	15–18	2–3 Wochen
Zierpaprika (Capsicum)	I–III	20–24	2–4 Wochen
Kreuzkraut (Cineraria)	VII–X	16–18	8–10 Tage
Clivie	ganzjährig	25–30	1–3 Wochen
Buntnessel (Coleus)	ganzjährig	20–24	2–3 Wochen

Spezielle Aussaatempfehlungen

Erde	Besondere Bemerkungen
sandig	keimt leicht, aber unregelmäßig
sandig	vorquellen, 4–6 Stunden in lauwarmem Wasser oder kurz überbrühen
sandig	feiner Samen, nicht bedecken, nur andrücken
sandig	großer Samen, unregelmäßiger Aufgang, mit 1–2 cm Abstand auslegen
sandig	keimt unregelmäßig, wie Kakteen behandeln
sandig	wie Kakteen behandeln
humos	vorquellen in warmem Wasser (12 Std.)
humos	vorquellen 2–3 Stunden, frisches Saatgut verwenden
durchlässig, kalkhaltig	Samen nicht bedecken, vorkühlen 1 Woche bei +4°C, dann bei 10–15°C
humos	48 Stunden vorquellen in handwarmem Wasser, frisches Saatgut verwenden
humos, durchlässig	keimfreie Erde verwenden, Samen nicht bedecken, nur andrücken, Gefäß mit Glas oder Folie abdecken, nach Aufgang sofort entfernen
torfhaltig, auf Rindenstücken	sehr feiner Samen, nicht bedecken, immer feucht halten! Wasser nur fein verteilt sprühen
humos	nur leicht bedecken, 4–5 Wochen nach Aufgang 3–5 Sämlinge in Töpfe pikieren
torfhaltig, humos	sehr feiner Samen, empfindlich gegen Düngersalze
sandig, auf feuchtes Leinentuch	sehr feiner Samen, luftig und immer gut feucht halten
lehmig, humos	den feinen Samen nicht bedecken, kühl weiter kultivieren
torfhaltig, humos	Lichtkeimer, Samen nicht bedecken
sehr locker, kalkhaltig	feiner Samen, wenig bedecken, nach Aufgang kühl und hell weiter kultivieren
lehmig, humos	nur frisches Saatgut verwenden
torfhaltig, humos	sehr feiner Samen, nicht bedecken

Spezielle Aussaatempfehlungen

Pflanzenart	Aussaatzeit	Opt. Keimtemperatur [°C]	Keimdauer
Kaffeebaum (Coffea)	ganzjährig	25–28	6–8 Wochen
Alpenveilchen (Cyclamen)	XI–Anf. II	15–17 (nicht über 18)	3–6 Wochen
Papyrus (Cyperus)	ganzjährig	20–25	3–4 Wochen
Baum-Tomate (Cyphomandra)	ganzjährig	22–26	2–4 Wochen
Stechapfel (Datura)	I–V	20–24	2–6 Wochen
Dracaena	ganzjährig	22–26	1–4 Monate
Korallenbaum (Erythrina)	ganzjährig	20–24	3–5 Wochen
Eukalyptus	ganzjährig	22–26	2–3 Wochen
Blaues Lieschen (Exacum)	XII–V	18–22	2–3 Wochen
Zimmeraralie (Fatsia, Aralia)	ganzjährig	18–22	2–4 Wochen
Gummibaum-Arten (Ficus)	ganzjährig	22–26	1–3 Monate
Fuchsie	I–V	20–24	1–3 Monate
Gerbera	I–V	22–24	2–4 Wochen
Gesnerie	X–IV	22–24	2–3 Wochen
Gloxinie	XII–II	24–28	2–3 Wochen
Australische Silbereiche (Grevillea)	ganzjährig	20–24	3–6 Wochen
Hibiskus, Eibisch	II–IV	22–26	2–4 Wochen
Palisanderbaum (Jacaranda)	ganzjährig	20–24	1–2 Monate
Flaschenbaum (Jatropha)	ganzjährig	18–22	1–2 Monate

Spezielle Aussaatempfehlungen

Erde	Besondere Bemerkungen
torfig, sehr locker, pH 5–5,5	48 Stunden in handwarmem Wasser vorquellen, Samenschale anritzen oder vorsichtig entfernen, Samen nur andrücken, nicht bedecken. Immer feucht halten
torfig, sehr locker	Samen ca. 1,5–2 cm hoch mit Erde bedecken, immer feucht und schattig halten, nach Pikieren bei 12–15 °C weiterkultivieren. Frischer Samen hat 3 Monate Keimruhe, vorquellen 1 Tag in handwarmem Wasser
humos, locker	sehr feiner Samen, nicht bedecken, immer reichlich feucht halten
humos, locker	1 Tag in lauwarmem Wasser vorquellen
humos	Samen 1–2 Tage vorquellen; keimt am besten in Töpfen von Zimmerpflanzen, die regelmäßig gegossen werden
sandig	unregelmäßige, verzögerte Keimung
humos, lehmig	1 Tag vorquellen
sandig	stauende Nässe vermeiden, zum Topfen sandige Erde verwenden
sandig, humos	stauende Nässe vermeiden
torfig, locker	nur frisches Saatgut verwenden
locker, sandig	Lichtkeimer, Samen nicht bedecken, bei lichtem Schatten aufstellen
locker, humos	den frühen Samen nicht bedecken, gut abgedeckt und feucht halten
torfhaltig, locker, humos	Lichtkeimer, Samen nicht bedecken, mit dem spitzen Ende nach unten einstecken, luftig, aber immer feucht halten
torfhaltig, locker	Lichtkeimer, den sehr feinen Samen nicht bedecken, feucht halten
torfhaltig, locker	den feinen Samen nur ganz leicht bedecken oder andrücken, benötigt hohe Luftfeuchte
locker, sandig	den Samen 1 Tag vorquellen, ca. 1 cm hoch mit Substrat bedecken
torfhaltig, humos	den Samen mit heißem Wasser überbrühen oder 1 Tag in lauwarmem Wasser vorquellen
sandig	den Samen 1 Tag vorquellen
sandig, locker	durchlassige Erde verwenden, verliert Blätter während der Ruhezeit

Spezielle Aussaatempfehlungen

Pflanzenart	Aussaatzeit	Opt. Keimtemperatur [°C]	Keimdauer
Flammendes Käthchen (Kalanchoe)	I–V	18–22	2–3 Wochen
Kap-Myrte (Lagerstroemia)	XII–IV	18–22	2–3 Wochen
Schwammkürbis (Luffa)	III–IV	22–24	8–16 Tage
Sinnpflanze (Mimosa)	ganzjährig	20–22	2–3 Wochen
Fensterblatt (Monstera)	ganzjährig	22–25	2–3 Wochen
Banane (Musa)	ganzjährig	25–28	3–10 Wochen
Oleander (Nerium)	ganzjährig	22–24	3–6 Wochen
Palmen	ganzjährig	25–28	1–6 Monate
Passionsblume (Passiflora)	ganzjährig	22–28	1–12 Monate
Baumfreund (Philodendron)	ganzjährig	22–27	2–12 Wochen
Eisenwurz (Plumbago)	ganzjährig	20–24	3–4 Wochen
Kissenprimel (Primula acaulis)	III–IV	10, später 18	3–4 Wochen
Primel (Primula malacoides, Primula sinensis)	VI–VII	15–18	8–15 Tage
Ranunkel	IX–X	10–15	14–20 Tage
Fingeraralie (Schefflera)	ganzjährig	20–24	3–4 Wochen
Bauernorchidee (Schizanthus)	IV oder X	16	2–3 Wochen
Eierbaum (Solanum)	II–IV	22–25	2–3 Wochen
Drehfrucht (Streptocarpus)	I–III	22–25	2–3 Wochen
Paradiesvogelblume (Strelitzia)	ganzjährig	22–26	1–6 Monate

Spezielle Aussaatempfehlungen

Erde	Besondere Bemerkungen
locker, humos	benötigt zur Blütenbildung Kurztagsbehandlung und Temperaturen über 10 °C
lehmig	benötigt lehmige Erde, nie austrocknen lassen
humos	ist dankbar für hohe Temperaturen (25–30 °C) und regelmäßige Düngung
humos	beste Ergebnisse mit Direktsaat: 3 Samen/Töpfchen (8 cm ⌀)
humos, locker	die ersten Blätter sind nicht geschlitzt
torfig, humos	nur frisches Saatgut verwenden, Samenschale anfeilen, 2–3 Tage in lauwarmem Wasser einweichen oder mit heißem überbrühen
sandig	feiner Samen, nur leicht bedecken, immer gut feucht halten
humos	niemals austrocknen lassen, Wurzeln erscheinen oft vor dem Trieb
sandig	Keimung sehr unregelmäßig, Sämlingspflanzen durch kräftigen Rückschnitt im Winter zum Blühen anregen
torfhaltig, locker	Lichtkeimer, benötigt hohe Luftfeuchte, keimt sehr unregelmäßig
sandig	Samen nur leicht mit Erde bedecken
torfhaltig	Samen nicht bedecken, er ist mit einem Hemmstoff umhüllt, vor der Saat in reichlich Wasser spülen oder 2 Stunden vorquellen
torfhaltig	zu hohe Temperaturen hemmen die Keimung, immer feucht und schattig halten, salzempfindlich, daher immer nur schwach düngen
torfhaltig, durchlässig	über 16 °C Keimhemmung, hoher Nährstoffbedarf, nach dem Pikieren immer feucht halten, kühl weiter kultivieren (7–10 °C), Samen nicht bedecken
humos	eignet sich gut zur Bonsai-Kultur
humos	für Winterkultur Herbstaussaat, auch gute Sommerblume, kühl kultivieren
sandig	Lichtkeimer, Samen 2–3 Stunden vorquellen
humos	Lichtkeimer, sehr feiner Samen, andrücken und schattig halten
Sand	Samenschale vorsichtig entfernen, 2 Tage quellen in lauwarmem Wasser, in feuchten Sand legen, nach Wurzelentwicklung verpflanzen

Ein Hochbeet mit Goldlack und Maßliebchen.

Gartenblumen

Zweijährige

So heißen die Frühjahrsblüher, deren Entwicklung sich über 2 Jahreshälften verteilt. Die Aussaat von Stiefmütterchen, Bartnelken, Glokkenblumen, Maßliebchen, Vergißmeinnicht, Islandmohn, Stockmalven und Fingerhut erfolgt in den Sommermonaten Juni/Juli bis spätestens Anfang August. Für die Samenkeimung sind dies ungünstige Monate, trocknet doch der Boden bei hohen Temperaturen sehr schnell aus. Bei feuchtem Standort ist auch die Entwicklung von Sämlingskrankheiten sehr leicht möglich. Infolgedessen gibt es häufig Klagen über mangelhafte Keimung. Wählen Sie daher ein Freilandsaatbeet, das im Schatten liegt, oder einen Frühbeetkasten, der mit Jutesäcken, Strohmatten oder Schattiergewebe vor allzu großem Lichteinfall geschützt wird. Sehr gut geeignet ist auch, insbesondere für Stiefmütterchen und Vergißmeinnicht, die milchig eingefärbte Schattierfolie. Vermeiden Sie einen Wärmestau: gute Lüftung und der Zutritt von Nachtkühle und Tau sind notwendig. Insbesondere reagieren Maßliebchen hierauf positiv. Sie sind gegen Verschlämmen empfindlich. Gesät wird in Reihen oder sehr dünn breitwürfig, wodurch die Sämlinge von Anfang an genügend Platz und Ausbreitungsmöglichkeit besitzen, so daß man sie eventuell direkt auf den späteren Standort verpflanzen kann. Ansonsten muß einmal pikiert werden. Flach aussäen, die Beete niemals austrocknen lassen und möglichst vorbeugend mit einer Lösung aus Chinosol oder Polyram-Combi überbrausen, als Vorbeugung gegen Pilzbefall im Keimbett. Tabellen für einjährige Sommerblumen und Stauden folgen ab S. 92.

Spezielle Aussaatempfehlungen

Aussaattabelle für zweijährige Blumen

Pflanzenart	Aussaat Monat	Keimtemp. °C	Keimdauer Tage	Keimfähig Jahre	Korn/g
Stockrose, Malve (Althaea rosea)	VI–VIII	15–22	5–15	3–4	200
Maßliebchen (Bellis perennis)	VI–VIII	18–22 (V)	18–20	2–3	600
Marienglockenblume (Campanula medium)	VI–VII	12–22	12–25	3–4	16 000
Goldlack (Cheiranthus allionii)	VI–VII	10–20	8–15	3–4	650
Bartnelke (Dianthus barbatus)	VI–VIII	15–20	10–20	3–4	1000
Fingerhut (Digitalis purpurea)	VII–VIII	18–22	15–25	3–4	10 000
Mondviole (Lunaria biennis)	V–VII	12–20	8–15	3–4	50
Vergißmeinnicht (Myosotis alpestris)	VII–VIII	15–22	8–15	3–4	1500
Islandmohn (Papaver nudicaule)	VII–VIII	18–22 (V)	10–20	3–4	9000
Stiefmütterchen (Viola wittrockiana)	VI–VIII	15–18 (V)	8–15	2–3	800

(V) = Vorkultur ist angebracht

Ein Schattenrahmen.

Stiefmütterchen sind Dunkelkeimer.

Spezielle Aussaatempfehlungen

Aussaattabelle für einjährige Blumen

Pflanzenart	Aussaat Monat	Wo?	Keimtemp. °C	Keimdauer Tage	Keimfähig Jahre	Korn/g
Immortelle (Acroclinium syn. Helipterum)	IV–V	≡	15–20	15–25	3	360
Leberbalsam (Ageratum)	II–III	△	22–26	10–20	2–3	500
Duftsteinrich (Alyssum)	III–IV	△	18–22	6–10	2–3	2500
Fuchsschwanz (Amaranthus)	IV–V	≡	18–22	7–14	4–5	600
Hundszunge (Anchusa)	III–VI	≡	18–24	10–20	2–3	350
Löwenmaul (Antirrhinum)	II–III	△	16–20	20–30	2–3	7000
Bärenohr (Arctotis)	III–IV	△	20–26	20–30	2–3	100
Eisblume (Begonia)	XII–II	△	18–25	15–25	2–3	60000
Blaues Gänseblümchen (Brachyscome)	III–V	△ ≡	18–22	14–20	2–3	9000
Ringelblume (Calendula)	III–VIII	≡ △	10–20	8–15	3–4	150
Sommeraster (Callistephus)	III–V	≡ □	18–21	8–20	1–2	500
Hahnenkamm (Celosia)	III–IV	△	18–22	14–20	2–3	1200
Kornblume (Centaurea)	III–IX	≡	10–20	14–20	3–4	200
Wucherblume einj. (Chrysanthemum)	IV–VI	≡	10–20	14–20	3–5	400
Clarkie (Clarkia)	IV–V	≡	15–22	10–16	2–3	3200
Spinnenpflanze (Cleome)	II–III	△	18–25	18–30	2–3	450
Glockenrebe (Cobaea)	II–III	△	18–25	15–25	2–3	20
Buntnessel (Coleus)	II–III	△	18–25	15–20	2–3	3500
Prachtwinde (Convulvulus)	III–IV	△	18–25	8–15	3–4	100
Schöngesicht (Cosmea bipinnata)	IV–V	≡ □	15–25	12–20	3–4	200

Spezielle Aussaatempfehlungen

Schmuckkörbchen (Cosmos sulphureus)	III–V	△ □	18–25	12–25	3–4	250
Zigarettenblümchen (Cuphea)	II–III	△	18–25	15–25	2–3	600
Sommerrittersporn (Delphinium, einj.)	II–IV	≡	12–16	12–20	2–3	500
Kapringelblume (Dimorphotheca)	IV–V	≡	15–25	10–18	3–5	400
Kaliforn. Mohn (Eschscholtzia)	III–IX	≡	10–22	8–15	3–4	500
Schnee auf dem Berge (Euphorbia)	IV–V	≡	15–25	8–15	3–4	70
Prairieenzian (Eustoma)	II–III	△	18–22	20–30	2–3	800
Mittagsgold (Gazania)	II–IV	△	18–25	10–25	1–3	200
Gilie (Gilia, Ipomopsis,)	IV–V	≡	18–25	18–25	2–3	600
Sommerazalee (Godetia)	IV–V	≡	15–20	10–20	3–4	1600
Kugelamaranth (Gomphrena,	IV–V	≡ □	15–22	10–20	3–4	120
Zittergras (Briza)	III–V	≡	18–25	10–25	2–3	2000
Hiobs-Tränengras (Coix)	III–V	≡ □	20–25	10–25	2–3	6
Ziergerste (Hordeum)	III–5	≡	18–25	10–25	2–3	600
Hasenschwanzgras (Lagurus)	III–V	≡	18–25	15–25	2–3	3600
Schleierkraut (Gypsophila)	IV–V	≡	15–20	15–25	2–3	1000
Sonnenblume (Helianthus)	IV–V	≡	15–25	10–20	3–5	20–75
Strohblume (Helichrysum)	IV–V	≡	15–25	15–25	2–4	1400
Schleifenblume (Iberis)	IV–VI	≡	10–20	8–20	2–3	400
Fleißiges Lieschen (Impatiens)	II–III	△	18–25	18–30	2–3	2000
Prunkwinde (Impomoea)	III–IV	△	18–25	8–20	2–3	25
Kochie, Sommerzypresse (Kochia)	IV–V	≡	15–22	10–20	2–3	1200

≡ Direktsaat im Freien   □ Anzucht im Frühbeet   △ Anzucht unter Glas

Spezielle Aussaatempfehlungen

Pflanzenart	Aussaat Monat	Wo?	Keimtemp. °C	Keimdauer Tage	Keimfähig Jahre	Korn/g
Wicke (Lathyrus)	III–V	≡	10–18	10–20	3–4	12
Bechermalve (Lavatera)	III–VI	□ ≡	18–25	10–20	3–4	160
Sumpfblume (Limnanthes)	III–V, IX	□ ≡	18–25	14–20	3–4	120
Leinkraut (Linaria)	IV–V	≡	15–25	8–20	3–4	15000
Männertreu (Lobelia)	II–III	△	18–25	5–15	2–3	30000
Levkoje (Matthiola)	II–IX	≡ □	15–22	8–20	3–5	1000
Mutterkraut (Matricaria)	III–V	□ △	15–20	10–20	3–4	7600
Bartonie (Mentzelia)	III–V	≡	12–25	10–20	3–4	4000
Mittagsblume (Mesembrianthemum)	III–V	≡ △	15–25	8–20	2–3	4000
Gauklerblume (Mimulus)	I–V	△	12–18	10–20	2–3	22000
Muschelblume (Molucella)	IV–V	≡	18–25	15–20	3–4	240
Nemesie (Nemesia)	I–VI	≡ △	18–25	10–20	2–3	3500
Liebeshainblume (Nemophila)	IV–VI	≡	15–25	10–20	3–4	400
Ziertabak (Nicotiana)	III–IV	△	18–25	15–25	2–3	1100
Jungfer im Grünen (Nigella)	IV–VIII	≡	15–22	10–20	2–3	450
Mohn (Papaver)	III–X	≡	10–18	15–25	3–4	4600
Bartfaden (Penstemon)	II–III	△	18–22	15–30	2–3	1800
Schwarznessel (Perilla)	II–III	△	20–26	12–20	2–3	740
Petunie (Petunia)	II–III	△	18–22	10–20	2–3	9000
Bienenfreund (Phacelia tanacetifolia)	V–VIII	≡	15–20	8–15	3–4	520
Büschelschön (Phac. campanularia)	IV–VII	≡	15–20	8–15	2–3	1800

Pflanze		Symbol				Anzahl
Sommerphlox, einj. (Phlox)	II–V	≡	16–25	15–25	2–3	520
Portulak (Portulaca)	III–VI	≡	15–22	8–15	2–3	10000
Reseda (Reseda)	V–VI	≡	18–25	10–20	3–4	800
Rhodanthe s. Helipterum						
Ricinus, Wunderbaum (Ricinus)	III–IV	△	18–25	12–25	3–5	1,5
Sonnenhut (Rudbeckia)	IV–V	≡	15–20	15–25	3–4	3000
Trompetenzunge (Salpiglossis)	III–V	≡ △	18–25	15–25	2–3	4200
Salvie (Salvia)	II–III	△	20–25	8–25	2–3	300
Husarenknopf (Sanvitalia)	III–IV	△	18–22	8–18	3–4	350
Seifenkraut (Saponaria)	III–V	≡	12–20	10–18	2–3	200
Witwenblume (Scabiosa)	IV–VI	≡	15–22	10–20	2–3	85
Bauernorchidee (Schizanthus)	IV–IX	≡ △	15–22	10–20	3–4	1700
Leinkraut (Silene)	IV–V	≡	10–20	12–20	3–4	1100
Strandflieder/Meerlavendel (Limonium syn. Statice)	IV–V	≡	18–22	12–25	3–4	20
Studentenblume (Tagetes)	II–V	△ ≡	18–25	8–20	2–3	300
Schwarze Susanne (Thunbergia)	III–IV	△	18–25	15–25	2–3	40
Torenie (Torenia)	II–V	△	18–25	10–20	2–3	16500
Kapuzinerkresse (Tropaeolum)	III–V	≡	18–22	10–20	3–4	6–7
Venidie (Venidium)	III–IV	△	18–25	15–25	2–3	250
Verbene (Verbena)	II–III	△	18–22	15–32	2–3	370
Papierblume (Xeranthemum)	IV–V	≡	15–22	12–20	3–4	700
Ziermais (Zea)	IV–V	△ ≡	18–25	8–20	3–4	5
Zinnie (Zinnia)	III–V	▢ ≡	20–25	8–20	2–3	150

Spezielle Aussaatempfehlungen

Aussaattabelle für Stauden

Pflanzenart	Aussaat Monat	Keim- temp. °C	Keimdauer Tage	Wo?	Keimfähig Jahre
Schafgarbe (Achillea tomentosa)	IV–VII	12–18	30–30	☐	3–4
Eisenhut (Aconitum napellus)	X–II	0–20 ✳	1 Winter	☐	2–3
Adonisröschen (Adonis vernalis)	VI–VIII	0–20 ✳	1 Winter	☐	2–3
Frauenmantel (Alchemilla mollis)	X–II	0–20 ✳	1 Winter	☐	3–4
Steinkraut (Alyssum saxatile)	VI–VIII	18–25	15–25	☐	3–4
Kuhschelle (Anemone pulsatilla)	X–II (VII)	0–20 ✳	30/1 Win.	☐	1–2
Akelei (Aquilegia vulgaris)	IV–VIII	15–20	15–30	☐	3–4
Sandnelke (Armeria maritima)	V–VI	15–20	15–25	≡	2–3
Arnika (Arnica alpina)	X–II	0–20 ✳	1 Winter	☐	2–3
Gänsekresse (Arabis caucasica)	VII–VIII	15–22	15–30	☐	3–4
Staudenaster (Aster alpinus)	V–VII	10–22	15–25	☐	3–4
Sterndolde (Astrantia major)	X–II	0–20 ✳	1 Winter	☐ △	2–3
Blaukissen (Aubrietia leichtlinii)	V–VII	15–22	15–30	☐	2–3
Glockenblume (Campanula carpatica)	V–VII	12–20	20–30	☐	2–3
Heidekraut (L) (Calluna vulgaris)	X–II	0–15 ✳	1 Winter	≡ ☐	1–2
Silberdistel (L) (Carlina acaulis)	III–IV	12–18	15–20	☐	2–3
Kornblume (L) (Centaurea montana)	VI–VII	18–22	15–20	☐	2–3
Spornblume (Centranthus ruber)	IV–V	18–20	15–20	☐	3–4
Bunte Margerite (Chrysanth. cocc.)	V–VI	12–20	15–30	☐	3–4

✳ Kaltkeimer   (L) Lichtkeimer   ☐ Saatkiste oder Frühbeet

≡ Direktsaat   △ Gewächshaus

97

Spezielle Aussaatempfehlungen

Pflanzenart	Aussaat Monat	Keim- temp. °C	Keimdauer Tage	Wo?	Keimfähig Jahre
Margerite (L) (Chrysanthemum max.)	V–VI	12–20	15–30	☐	3–4
Mädchenauge (Coreoopsis grandiflora)	VI–VII	15–20	15–20	☐	3–4
Staudenalpen- veilchen (Cyclamen neapolitanum)	XI–XII	17–20	30–45	☐	3–4
Schlangenkopf (Chelone obliqua)	X–II	0–18 ❄	1 Winter	☐	2–3
Rittersporn (Delphinium cultorum)	III–VI	12–18	15–25	☐	3–4
Landnelke (Dianthus caryophyllus)	III–V	12–18	15–25	☐	2–3
Pfingst- oder Stein- nelke (Dianthus gratianapolitanus)	VI–VII	15–22	15–25	☐	2–3
Tränendes Herz (Dicentra spectabilis)	VIII–II	0–20 ❄	1 Winter	☐	1–2
Diptam (Dictamnus albus)	IV–V	12–15	15–25	☐	1–2
Gemswurz (Doronicum orientale)	IV–V	10–20	15–25	☐	2–3
Kugeldistel (Echinops ritro)	IV–VI	12–18	15–25	☐	2–3
Edeldistel (Eryngium alpinum)	X–XI	0–20 ❄	1 Winter	☐	2–3
Kokardenblume (Gaillardia aristata)	IV–VII	18–25	18–25	☐	2–3
Alpenenzian (Gentiana acaulis)	X–II	0–20 ❄	1 Winter	☐	1–2
Storchenschnabel (Geranium sang.)	IV–V	12–20	15–25	☐	2–3
Nelkenwurz (Geum hybridum)	IV–V	12–18	20–30	☐	2–3
Schleierkraut (Gypsophila paniculata)	VI–VII	15–20	10–25	☐	2–3
Sonnenbraut (Helenium autumnale)	VI–VII	15–20	10–20	☐	2–3

Spezielle Aussaatempfehlungen

Pflanzenart	Aussaat Monat	Keim- temp. °C	Keimdauer Tage	Wo?	Keimfähig Jahre
Christrose (Helleborus niger)	X–II	0–15 ✱	1–2 Winter	☐	3–4
Taglilie (Hemerocallis)	IV–VII	18–22	15–30	☐	2–3
Herkulesstaude (Heracleum manteg.)	X–IX	0–15 ✱	1 Winter	≡	2–3
Nachtviole (Hesperis matronalis)	VI–VII	12–18	10–30	☐ ≡	2–3
Purpurglöckchen (Heuchera sanguinea)	XII–IV	15–18	10–25	☐	2–3
Eibisch (Hibiscus moscheutos)	I–III	22–28	18–30	△	3–4
Schleifenblume (Iberis sempervirens)	III–V	15–18	15–25	☐	3–4
Freilandgloxinie (Incarvillea delavayi)	I–V	15–18	15–25	☐	2–3
Alant (Inula ensifolia)	V–VII	15–20	15–25	☐	2–3
Sandglöckchen (Jasione perennis)	IV–VII	15–18	15–25	☐	2–3
Fackellilie (Kniphofia uvaria)	IV–VII	18–20	15–25	☐	3–4
Staudenwicke (Lathyrus latifolius)	X–VIII od. IV–VII	10–18 ✱	120–150	☐	3–4
Edelweiß (Leontopodium alpinum)	IV–V	15–18	15–25	☐	2–3
Prachtscharte (Liatris spicata)	IV–VII	18–22	20–30	☐	2–3
Königslilie (Lilium regale)	II–V	15–20	20–40	☐	2–3
Staudenlobelie (Lobelia fulgens)	XII–III	18–22	15–25	△	2–3
Lupine (Lupinus polyphyllus)	V–VII	15–20	15–25	☐	3–4
Lichtnelke (Lychnis chalcedonica)	III–V	18–22	25–35	☐	2–3
Indianernessel (Monarda didyma)	III–VI	15–22	25–35	☐	2–3
Nachtkerze (Oenothera missouriensis)	III–VI	15–20	10–20	☐	3–4

Spezielle Aussaatempfehlungen

Pflanzenart	Aussaat Monat	Keim- temp. °C	Keimdauer Tage	Wo?	Keimfähig Jahre
Feuer-Mohn *(Papaver orientale)*	III–VI	10–20	15–25	☐	2–3
Federborstengras *(Pennisetum)*	III–V	18–25	10–25	≡	2–3
Staudenphlox *(Phlox paniculata)*	X–II	0–18 ✳	30–100	☐	2–3
Lampionblume *(Physalis alkekengi)*	X–II	0–18 ✳	30–100	☐	2–3
Kissenprimel *(Primula acaulis)*	III–VI	10, dann 18	20–30	☐ ≡	2–3
Etagenprimel *(Primula beesiana, P. bulleyana)*	X–II	0–18 ✳	30–100	☐	2–3
Rosenprimel *(Primula rosea)*	III–VI	18–22	20–35	☐	2–3
Himmelsschlüssel *(Primula veris elatior)*	X–II	0–15 ✳	30–100	☐ ≡	2–3
Sonnenhut *(Rudbeckia fulgida)*	III–VI	15–18	15–25	☐	3–4
Salbei *(Salvia superba)*	XII–V	18–22	15–25	☐	3–4
Steinbrech *(Saxifraga arendsii)*	III–VII	15–18	15–25	☐ ≡	2–3
Witwenblume *(Scabiosa caucasica)*	X–III	0–18 ✳	30–90	☐	3–4
Wiesenraute *(Thalictrum dipterocarpum)*	X–II	0–15 ✳	30–120	☐	2–3
Thymian, Quendel *(Thymus serpyllum)*	III–V	15–18	15–30	☐	2–3
Trollblume *(Trollius ledebourii)*	X–II	0–15 ✳	30–120	☐	2–3
Königskerze *(Verbascum olympicum)*	V–VI	15–20	15–25	☐	3–4
Ehrenpreis *(Veronica teucrium)*	III–VII	12–20	10–25	☐	2–3
Hornveilchen *(Viola cornuta)*	III–VIII	12–20	15–25	☐	3–4
Duftveilchen *(Viola odorata)*	VIII–II	0–15 ✳	30–180	☐ ≡	3–4

Kokardenblume (Gaillardia aristata)
Staudenruthensporn *(Delphinium)*.

Feuermohn (Papaver orientale)
Schöngesicht *(Coreopsis)*.

Schwierige Samenarten

Die Aussaat von Zierpflanzen

Astern *(Callistephus chinensis)*
Astern sind sehr empfindlich gegen im Boden vorhandene Pilze *(Fusarium),* die die im Sommer auftretende Welkekrankheit hervorrufen. Von den Züchtungen her gibt es bislang nur eine hochgradige, keine völlige Resistenz. Sorgfältiger Wechsel der Anbaufläche und des Saatbeetes von Jahr zu Jahr ist notwendig. Bei Anzucht unter Glas nur sterilisierte Erden verwenden, stauende Nässe vermeiden. Ein Austrocknen – auch kurzfristig – unbedingt vermeiden, Astern sind dagegen sehr empfindlich. Geschlitzte Folie oder Vlies empfehlen sich als Abdeckung des Saatbeetes. Optimale Keimtemperatur 15 °C, optimale Saattiefe 0,5 cm. Aussaatzeit März bis Mai auf ein Freilandsaatbeet, ins Frühbeet oder in Gefäße. Keimdauer 2–4 Wochen.

Begonien, Eisbegonie, Schiefblatt
Die Aussaat des staubfeinen Samens (ca. 40 000 Korn/g) erfolgt sehr früh, Ende Januar bis spätestens Mitte Februar, damit die Pflanzen Mitte Mai blühen. Nur sterilisiertes, humoses, durchlässiges Substrat verwenden, andrücken, den Samen nicht bedecken, mit feiner Brause begießen. Aussaatgefäß mit Folie oder Glasscheibe bedecken bis zur Keimung nach 3–4 Wochen, danach sofort abnehmen, um Fäulnis zu vermeiden. Weiter kultivieren in torfreichem Substrat. Eventuell im Februar bis März Zusatzbelichtung geben. Zweimal pikieren, dabei die besonders empfindlichen, zarten Pflänzchen schonend behandeln. Optimale Keimtemperatur 20–24 °C, Lichtkeimer.

Maßliebchen, Gänseblümchen (kultivierte und wilde *Bellis*-Sorten)
Gedeiht auf jedem Gartenboden, sofern er während der Aussaatzeit und später genügend feucht gehalten wird. Als Lichtkeimer wird der Samen nur ganz wenig oder gar nicht bedeckt. Zu tiefe Aussaat führt zu Mißerfolgen. Konstant feucht halten, aber nicht verschlämmen. Wird das Aussaatgefäß abgedeckt, sofort nach dem Aufgang lüften. Keimdauer 2 bis 3 Wochen bei 15–20 °C.

Kaffeebaum *(Coffea arabica)*
Möglichst frisches oder keimgeschützt verpacktes Saatgut sowie torfreiches, durchlässiges Aussaatsubstrat mit niedrigem pH-Wert (4,5–5,5) verwenden. Kalkreiches Wasser vermeiden. Die harte Schale des Samens anritzen und vorsichtig entfernen; 2 Tage lang in lauwarmem Wasser vorquellen und dann den Samen nur auf die Erde drücken, nicht bedecken. Reichlich feucht, sehr warm halten (25–28 °C), nie austrocknen lassen. Keimdauer 1–6 Monate. Pralle Sonne vermeiden!

Zwergastern in vielen Farben.

Zwergalpenveilchen

Alpenveilchen *(Cyclamen persicum)*

Alpenveilchen sind Dunkelkeimer. Die Samen müssen daher 1–1,5 cm hoch mit sterilem, sehr luftigem, humosem und torfreichem Substrat bedeckt und ständig feucht gehalten werden (pH-Wert 5,5–6,5). Die lange Keimzeit von 1–2 Monaten und die langsame Anfangsentwicklung bedingt eine frühe Aussaat. Sie erfolgt zwischen Ende November und Anfang Februar. Keimtemperatur gleichmäßig 15–18 °C.

Auch Freilandalpenveilchen (*Cyclamen europaeum, C. neapolitanum* u. a.) benötigen ähnliche Bedingungen. Die Anzucht erfolgt im Haus, nicht im Freiland. Die Erde sollte etwas mehr Lehmanteil enthalten.

Tomatenbaum *(Cyphomandra betacea)*

Die Anzucht gleicht der der Tomate und ist an und für sich leicht. Der Samen kann jedoch durch längere Lagerung hartschalig geworden sein. Deshalb sollte man ihn unbedingt 1–2 Tage lang in lauwarmem Wasser vorquellen und danach in humose, torfhaltige Aussaaterde säen. Die Aussaat erfolgt in den Winter- und Frühjahrsmonaten bei 20–25 °C, Keimdauer 2–4 Wochen.

Engelstrompete, Stechapfel *(Datura suaveolens)*

Die Keimung dieser Kübelpflanze kann sich über viele Wochen hinziehen. Offenbar fördert wechselnde Feuchtigkeit den Keimprozeß – gute Erfahrungen wurden bei der Mitaussaat in Töpfe von Zimmerpflanzen gemacht, die mehr oder regelmäßig gegossen wurden. Den Samen 2 Tage lang in lauwarmem Wasser vorquellen, lockeres, sandig-humoses Substrat verwenden. Keimtemperatur 20–25 °C, Keimdauer 2–10 Wochen.

Schwierige Samenarten

Gazanie, Mittagsgold *(Gazania splendens)*

Gazania wird verschiedentlich als Lichtkeimer bezeichnet. Entsprechend empfindlich ist der Samen gegen zu tiefe Aussaat, gegen stauende Nässe und zu wenig Luft. Verwenden Sie ein sandiges, humoses, keimfreies Substrat. Bedecken Sie den Samen nur ganz schwach, oder drücken Sie ihn nur an. Nun mit Folie oder Glasscheibe das Aussaatgefäß bedecken, konstant feucht halten, mit Zeitungspapier leicht schattieren. Sofort nach dem Aufgang nach 10–20 Tagen Luft geben, damit sich keine Keimlingskrankheiten ausbreiten können. Keimtemperatur 18–22 °C. Bewährt hat sich auch die Aussaat auf Vlies oder Löschpapier. Bald nach dem Aufgang pikieren. Ähnlich zu behandeln: Bärenohr *(Arctotis)* und Gerbera.

Bärenklau, Herkulesstaude *(Heracleum mantegazzianum)*

Der Bärenklau ist eine im nördlichen Europa und Nordamerika heimische, 2jährige Pflanze und kommt in Sumpfbereichen vor. Der Samen wird in der Natur herangeweht und nur wenig bedeckt, er liegt aber lange Zeit in feuchter Umgebung. Nach einer langen kühlen und frostigen Periode erfolgt die Keimung. Die Aussaat erfolgt in Kistchen oder in Saatbeeten im Freien, vorzugsweise während der Herbst- und Wintermonate. Torfreiches, feuchtes Substrat mit flacher Erdabdeckung bringt bei −5 bis +10 °C die besten Ergebnisse. Die Berührung der Blätter kann Allergien bewirken.

Schönkelch, Prairieenzian *(Eustoma russelianum; Lisianthus)*

Dieses Enziangewächs stammt aus den Brackwassergebieten der südlichen US-Staaten, das Wasser ist salzhaltig, der Boden zwar immer feucht, aber doch gut drainierend. Dem entspricht ein sehr gut durchlässiges, sandiges Aussaatsubstrat mit hohem pH-Wert (6–7,5). Den feinen Samen bringt man spätestens im Februar aus, um im August blühende Pflanzen zu erhalten. Nur sehr wenig mit Substrat bedecken, gleichmäßig feucht bei 22–25 °C halten. Keimdauer 2–3 Wochen. Pikieren, wenn sich 3 Laubblättchen gebildet haben.

Christrose *(Helleborus)*

Diese Pflanze entläßt ihren Samen in der Natur während des Sommers. Nach dem Winter mit wechselnden Temperaturen unter einer schützenden Schneedecke sind die keimhemmenden Stoffe abgebaut. In Kultur werden diese Abläufe nachgeahmt: Lockeres, humusreiches Substrat, Aussaat im Zimmer, Gewächshaus oder während der Sommermonate im Freien bei 20–22 °C. Nach 6–8 Wochen oder länger kommt die Aussaatschale, gut gegen Austrocknen geschützt, ins Freie oder in den Kühlschrank bei −4 bis +4 °C. Hierin 7–8 Wochen belassen, danach allmählich wärmer stellen (8–10 °C). Im Freien wird das Frühjahr abgewartet. Sollte der Samen auch dann nicht keimen, war die Einwirkung in den Warm-Kalt-Phasen nicht ausreichend. Belassen Sie den Sommer und den nächsten Winter über das Aussaatgefäß an schattigem, geschütztem Ort im Freien.

Fleißiges Lieschen *(Impatiens walleriana)*

Lichtkeimer: Der Samen darf nicht mit Erde bedeckt, sondern nur angedrückt werden. Eine transparente Folie oder Glasscheibe verhindert das Austrocknen bis zur Keimung, nach 2–3 Wochen.
Häufige Fehlerquelle ist das Aussaatsubstrat, das auf keinen Fall sauer und nicht zu torfhaltig sein darf. Optimaler pH-Wert 5,5–6,5. Eventuell mit einem größeren Anteil

Fleißige Lieschen *(Impatiens)* sind Dauerblüher für schattige Stellen.

Sand verbessern. Keimtemperatur 18–22 °C. In der weiteren Kultur benötigen *Impatiens* immer reichlich Feuchtigkeit, Halbschatten bis Schatten und wenig Stickstoff, da sie sonst die Pflanzen nur spärlich Blüten entwickeln.

Edelwicke *(Lathyrus odoratus)*

Nicht zu spät aussäen. Die Keimtemperaturen betragen optimal nur 10–15 °C, wobei gleichzeitig lockerer, luftreicher Boden und reichlich Feuchtigkeit benötigt werden. Derartige Bedingungen finden sich im Freiland in den Wochen zwischen Ende März und Mitte April. Aussaaten im Mai können bereits in Hitzeperioden fallen. Topfaussaaten gedeihen auch gut in Fichtensägemehl. Keimdauer 2–3 Wochen.

Mittagsgold *(Gazania)* blüht üppig an sonniger Stelle.

Schwierige Samenarten

Lilien

Bei den auf einigen Lilienarten (z. B. bei Feuerlilie) kurz nach der Blüte oberirdisch entstehenden Bulbillen handelt es sich nicht um Samen, sondern um eine besondere Form der vegetativen Vermehrung. Sie fallen – mitunter bereits bewurzelt – herab und wachsen im allgemeinen ohne Schwierigkeiten innerhalb von 2–3 Jahren zu blühfähigen Pflanzen heran.

Liliensamen wird selten im Handel angeboten, kann aber leicht durch eigene Kreuzungsarbeit mit dem Pinsel entstehen. Die zahlreichen Arten bringen unterschiedlich lange Keimdauer mit sich. Auf jeden Fall sollte der Samen bald nach dem Reifen ausgebracht werden. Meist benötigt er Kälteeinwirkung nach vorhergegangenem warmen Ankeimen.

Samen 1 Tag lang vorquellen bei 30 °C. Danach Aussaat im kalten Kasten oder im Gewächshaus bei 15–18 °C in sandigen Torf, der ständig feucht, aber nicht naß gehalten wird. Kein Lehm! Nach 3–4 Monaten zeigen die Arten, die auf diese Behandlung reagieren, Keimblätter und Wurzeln. Sie können pikiert werden. Andere entwickeln zunächst Wurzeln, aber kein Keimblatt. Sie werden um 3 Monate oder etwas länger winterlichen Temperaturen oder einer Kühlbehandlung bei +5 °C ausgesetzt. Danach – mitunter noch nach 2 Jahren – setzt die Keimung ein.

Levkoje *(Matthiola incana)*

Im Freiland erfolgt die Aussaat April bis Mai. Vorkultur zur Verfrühung der Blüte und zur Kultur im frostfreien kühlen Gewächshaus ist möglich ab Mitte November bei Temperaturen von 16–20 °C. Das Aussaatsubstrat muß keimfrei sein, die Anzuchtbedingungen hell und luftig, da sonst leicht Sämlingskrankheiten wie Schwarzbeinigkeit, Welkekrankheit und auch (Kreuzblütler!) Kohlhernie auftreten. Ein Anteil von 30–40% Sand hat sich bewährt, ebenso das Übersieben des Samens mit Sand. Keimdauer 1–3 Wochen. Einfach blühende Levkojen zeigen dunkelgrüne Keimblätter, gefüllt blühende helle. Der Farbunterschied wird im Pikierstadium deutlich, wenn nicht wärmer als 10 °C kultiviert wird. Nur hellgrüne Sämlinge pikieren!

Mittagsblume *(Mesembryanthemum criniflorum)*

Als Wüstenbewohner benötigen Mittagsblumen ähnliche Bedingungen wie Kakteen: ein durchlässiges, sandiges Substrat, ausreichend hohe Keimtemperaturen um 18–25 °C und vor allem reichlich Feuchtigkeit. Wer es daran fehlen läßt und das Austrocknen während der Keimperiode gestattet, erzielt überraschende Mißerfolge. Keimdauer 8–16 Tage. Möglichst an Ort und Stelle oder in Töpfchen säen, da die schwache Wurzelbildung das Verpflanzen erschwert.

Dunkelgrüne Levkojensämlinge werden einfach blühen – die hellgrünen gefüllt.

Zier-Banane *(Musa ensete, Ensete ventricosum)*

Sehr hoher Wärmebedarf (25–30 °C) und eine harte Samenschale führen dazu, daß dieser Samen häufig nicht zufriedenstellend keimt. Hinzu kommt, daß der Samen nur ca. 60% Keimfähigkeit erreicht, da er nicht speziell für die Aussaat kultiviert wird. Das Substrat soll feucht (nicht naß), torfreich, luftig sein. Die Samenschale kann man mit einem Messer oder mit scharfkantigem Sandpapier anritzen, kurzfristig tauchen oder überbrühen mit kochendem Wasser, ebenso vorquellen für 2 Tage in lauwarmem Wasser. Keimdauer 2–24 Wochen.

Die haselnußgroßen Samenkörner werden in das Substrat nur zur Hälfte eingedrückt, dann feucht gehalten und gegen Austrocknen geschützt. Sobald die Wurzeln erscheinen, in Töpfchen mit humusreicher, nahrhafter Erde setzen.

Gefüllte Levkoje; die Blüten verbreiten einen bezaubernden Duft.

Ziertabak, Pfeifentabak *(Nicotiana)*

Der Samen beider Arten ist sehr fein. Die Anzucht sollte früh (Februar bis Anfang März) beginnen. Sie gleicht der von Petunien. Lockeres, humusreiches Substrat verwenden, keimfrei. Den Samen nur andrücken; Gefäß mit Pack- oder Zeitungspapier bis zum Aufgang schattieren. Keimtemperatur 18–22 °C, Keimdauer 2–4 Wochen. Sofort nach dem Aufgang werden die Gefäße hell, aber nicht sonnig aufgestellt und bald zum ersten Mal pikiert. Von Pfeifentabak sind nur 100 Pflanzen steuerfrei erlaubt.

107

Schwierige Samenarten

Palmen *(Palmae)*
Keimdauer unterschiedlich lange:
Washingtonia 2–5 Wochen, Hanfpalme *(Trachycarpus)* 1^1/$_2$ bis 2 Monate, Bergpalme *(Chamaedorea)*
2–6 Monate, *Kokospalme (Micro-
coelum)* 2–3 Monate, Dattelpalme
(Phoenix) 2–6 Monate. Die Samen
sollen noch nicht ausgetrocknet
sein. Vorquellen weicht die harte
Samenschale auf und löst keimhemmende Stoffe heraus (2 Tage, hand-
warmes Wasser). Das Aussaatsubstrat soll locker, luftführend und
torfhaltig sein und ununterbrochen
feucht gehalten werden. Austrocknen führt zu Schäden. Der Samen
muß ca. 2 cm hoch mit Substrat bedeckt sein (Dunkelkeimer). Keimtemperatur 20–25 °C. Gekeimte Samen entwickeln zuerst Wurzeln,
dann bereits pikieren, aber den Samen nicht abtrennen. Kultivieren Sie
Palmen in Erde mit etwas Lehmanteil (ideal: pH-Wert 6).

Geranien, Pelargonien *(Pelargonium zonale)*
Die Anzucht aus Samen bürgert
sich immer mehr ein, da die Überwinterung stecklingsvermehrter
großer Pflanzen in vielen Wohnun-
gen auf Probleme stößt. Wählen Sie
möglichst schnellwachsende Sorten, da bei beabsichtigter Blüte
Ende Mai bereits Ende November/
Dezember ausgesät werden muß.
Spätere Saatzeit hat späteren Blü-
tenbeginn zur Folge. Mitte Februar
ist der letzte akzeptable Sätermin.

Der Samen ist hartschalig und wird
meistens bereits angeritzt geliefert.
Nicht behandelten Samen reibt man
leicht zwischen Sandpapier und
quillt ihn ^{1}/$_2$ Tag lang in lauwarmem
Wasser vor. Das Aussaatsubstrat
soll sandig bis humos sein, den Samen nur wenig bedecken. Bei
20–25 °C geht die Keimung innerhalb von 7–14 Tagen vor sich. Niemals austrocknen lassen. Schon
sehr bald in Töpfchen pikieren.

Petunien (*Petunia***-Hybriden)**
Beste Aussaatzeit ist Februar, spätestens Anfang März. Das Aussaatsubstrat darf nur sehr wenig Dünger
enthalten, muß durchlässig und hu-
musreich sein. Den Samen nicht bedecken, nur andrücken, möglichst
dünn säen und sofort nach dem
Aufgang die Glasscheibe oder Folie
abnehmen, um Sämlingskrankheiten vorzubeugen. Keimtemperatur
18 bis 22 °C, Keimdauer 2–3 Wochen. Schon bald nach dem Aufgang zum ersten Mal pikieren.

Himmelsschlüssel, Waldprimel
(Primula veris, P. elatior)
Im Gegensatz zur Kissenprimel *(P.
acaulis)* und den meisten anderen
Primelarten, die im Frühjahr problemlos gesät werden und dann keimen, zählen Waldprimel und Himmelsschlüssel zu den Kaltkeimern
(Frostkeimern). Am besten be-
währte sich die natürliche, aber zeit-
raubende Methode: Aussaat im
Herbst bis spätestens Februar in

Hanfpalme *(Trachycarpus)*

Schwierige Samenarten

Farbe im Gemüsegarten – Beetumrandung mit Sommerphlox.

Töpfen oder Saatkistchen mit sterilisierter, keimfreier, humoser und durchlässiger Erde. Falls draußen schon Frost herrscht, die Aussaatgefäße zunächst 1 Woche lang bei 10–15 °C zum Vorquellen aufstellen. Den Samen nur 2–3 mm hoch mit Sand oder sandiger Erde übersieben, gut anfeuchten und die Gefäße in transparenten Plastikbeuteln verschließen. Sie werden im Freien an einer absonnigen Stelle (z. B. Hauswand in Nord-Richtung) der Einwirkung von Frost und wechselnden Temperaturen ausgesetzt. Im April bis Mai ist die Keimung erfolgt. Dann die Umhüllung entfernen und pikieren. Weiterkultur bei 10–12 °C.

Salvie, Salbei *(Salvia)*

Salvien keimen in der Regel zögernd und nicht gleichmäßig. Daher sollte man die Aussaatschale nach dem ersten Pikieren noch nicht so-

fort ausleeren. Die optimale Keimtemperatur liegt bei 22 °C, Keimdauer 10–25 Tage. Nicht fußkalt kultivieren und ein lockeres, humoses Substrat verwenden, das anfangs sehr wenig Dünger enthält.

Stiefmütterchen (*Viola-Wittrokkiana*-Hybriden, *V. tricolor*)

Die Aussaat der Stiefmütterchen fällt – wie die anderer zweijähriger Frühjahrsblüher – in die heißen Sommermonate Juni bis August. Hohe Temperaturen und schnelles Austrocknen der Saatbeete gefährden die Keimung, die sich innerhalb von 2–4 Wochen vollzieht. Die optimale Keimtemperatur liegt bei 15 °C, sie wird im Sommer oft überschritten. Hinzu kommt, daß der ölhaltige Samen während der Lagerung einen Film ausschwitzt, der den Zutritt von Feuchtigkeit und damit auch den Beginn des Keimprozesses behindert.

Reiben Sie daher das Saatgut auf der Handfläche in etwas angefeuchtetem scharfkörnigen Sand. Dabei wird der ölhaltige Film entfernt, die Samenschale aufgerauht. Stiefmütterchen gehören zu den Dunkelkeimern. Dennoch darf der Samen nur leicht mit lehmig bis humoser Erde von nicht zu saurer Reaktion (optimal pH 6–7,5) bedeckt werden und während der Keimung nie austrocknen. Folgende Methode hat sich daher bewährt: Im Kasten oder Freilandbeet die Oberfläche feinkrümelig herrichten. Den Samen

Das Zittergras eignet sich gut für Trockensträuße.

in Reihen oder breitwürfig flach aussäen. Andrücken und sorgfältig angießen, aber nicht verschlämmen und nicht mit Erde abdecken. Statt dessen feuchte Jutesäcke darüberbreiten und diese standig feucht halten. Die entstehende Verdunstungskälte senkt die Temperatur. Nach 5–6 Tagen wird die Entwicklung kontrolliert. Die Säcke werden sofort nach erfolgter Keimung entfernt, damit die Sämlinge nicht in das Gewebe wachsen. Nach Möglichkeit noch einige Tage vor praller Sonne schützen.

Auch die geschlitzte Schattierfolie ist für Stiefmütterchenaussaat gut geeignet. Im Gewächshaus kann man bis Oktober in Töpfe säen.

Ziergräser

Die Aussaat der verschiedenen Ziergräser-Arten im Haus oder Freiland ist an und für sich nicht schwierig. Einige Besonderheiten gilt es jedoch zu beachten. Der Samen steckt meistens noch im Fruchtstand, weil das Heraussortieren des einzelnen Samens technisch aufwendig oder nicht durchführbar ist. Bedecken Sie in diesem Fall die ganze Ähre mit besonders durchlässiger, sandiger und keimfreier Erde. Stauende Nässe führt zu Fäulnis, verhindert die Keimung und wird schlecht vertragen. Keimdauer 2–4 Wochen bei 18–20 °C. Nach dem Aufgang eventuell tuffweise pikieren.

Die Aussaat von Gemüse

Auberginen (Eierfrucht)
Kultur ähnlich wie Tomate, allerdings stellt die Aubergine höhere Wärmeansprüche und benötigt etwas längere Zeit zur Entwicklung. Auch der Fruchtansatz gelingt nur bei niedriger Luftfeuchtigkeit – also sonnigen Temperaturen. Sorten mit langen, keulenförmigen Früchten sind unempfindlicher als solche mit großen tropfenförmigen.
Minimale Keimtemperatur: 22 °C, optimale 28 °C.
Eine Nacht lang vorquellen beschleunigt die Keimung. Die Aubergine reagiert mitunter negativ auf Torf. Sehr viel freudigere Keimung wird in stark sandiger Erde beobachtet. Sie können auch die torfige Erde oder Torftabletten mit einer 2 mm dicken Sandschicht übersieben. Keimdauer 18–25 Tage.

Bohnen
Bohnen sind stark sauerstoffbedürftig und vertragen weder Staunässe noch zu niedrige Temperaturen.
Eng damit zusammen hängt, daß »die Bohnen das Glockenläuten hören wollen« – flache Saat also, auf lehmigen Böden 2–3 cm, auf sandigen 3–4 cm tief.
Die Mindestkeimtemperatur liegt für Buschbohnen bei 8 °C (Optimum 22–25 °C), für Stangenbohnen um 12 °C (Optimum 25 °C) und bei den sehr empfindlichen Spaghettibohnen bei 16 °C (Optimum 28–30 °C).

Bohnen vertragen auch keine verkrusteten, tonigen Böden. Wegen der Gefahr des Befalls von Bohnenfliege sollten Sie das Saatgut beizen mit einem insektizidhaltigen Mittel oder bis zum Auflaufen abdecken mit Vlies, mitwachsender Folie, bzw. in Töpfen vorkeimen lassen.
Weißkörnige Sorten sind beim Auflaufen im allgemeinen empfindlicher und wärmebedürftiger als braune oder schwarzkörnige.

Erbsen
Erbsen sind nur schwierig, wenn sie zu früh gesät werden und ihre Keimenergie in kalter, nasser Erde verzehren: Das Saatgut fault dann – ohne zu keimen. Die Mindestkeimtemperatur im Boden (nicht der Luft!) liegt bei 4,4 °C (Optimum 20–24 °C). Bei Aussaaten Ende März/Anfang April können noch Schneetreiben und empfindliche Fröste auftreten. Nässe sorgt zusätzlich für Verdunstungskälte. Warten Sie daher besser stabile Witterungsverhältnisse und trockenen Boden ab.
Schalerbsen (rundsamig) sind für Frühsaaten weniger empfindlich, behalten jedoch ihre Süße im Erntestadium nur für kurze Zeit. Markerbsen (runzelige Samen) und Zuckererbsen (werden mit ganzer Schote gegessen) sollte man frühestens Anfang bis Mitte April säen. Sie verlieren ihren süßen Geschmack auch bei sommerlichen Temperaturen nur langsam. Unbemerkt können

Schwierige Samenarten

Vögel (Tauben, Amseln, Drosseln) und auch Mäuse den Samen fressen. Vorbeugender Schutz ist angebracht.

Erdbeeren, Monatserdbeeren

Erdbeersamen ist sehr fein, verträgt also höchstens 3 mm Erdabdeckung. Die Keimung zieht sich sehr lange hin: 4–6 Wochen. Mancher gibt da vorher auf. Zudem scheint der Temperaturbereich sehr eng zu sein, in dem sich der Aufgang vollzieht: 16 °C Minimum, 18 °C Optimum, 20–22 °C Maximum. Dünger im Aussaatsubstrat wird nicht vertragen, nicht austrocknen lassen! Da die Samen mit der Zeit hartschalig werden, empfiehlt es sich, die Körner 1 Tag lang vorzuquellen. Nach der Aussaat das Gefäß mit einer Folie oder Glasscheibe abdekken.

Beste Aussaatzeit ist Anfang Februar, damit im Juli die ersten Früchte an den Pflanzen hängen.

Gurken/Zuckermelonen/Wassermelonen

Alle Gurkengewächse verlieren die Keimfähigkeit nur langsam. Aber sie lieben die Wärme – bei 8 °C »erfrieren« sie bereits. Mindesttemperatur 22 °C, besser 25–28 °C. Besonders die ertragreichen Schlangengurken für Gewächshaus und Frühbeet benötigen die warme Anzucht im Haus oder mit einer Bodenheizung. Auch ein Gewächshaus, bei dem nachts die Temperaturen abfallen, ist nicht gut geeignet – schon gar nicht das Freiland. Später, als erwachsene Pflanze sind Schlangengurken weniger anspruchsvoll. Es hat zudem keinen Sinn, die Anzucht zu früh zu starten. Anfang April reicht aus, sonst werden die Pflanzen geil und überständig, denn Pflanztermin ist auch im unbeheizten Gewächshaus erst Ende Mai.

Wer die nötigen Temperaturen am Fensterbrett nicht bieten kann, sollte die Anzucht auf Vliespapier in einer Schale oder im Teller probieren. Hierfür findet sich leichter ein warmer Platz. Sofort nach dem Aufgang unter Schonung der Wurzeln in Töpfchen pikieren. Alle Gurkengewächse vertragen es schlecht, wenn das Wurzelwachstum gestört wird. Beim Verpflanzen sollten Sie daher unbedingt Töpfe wählen und keine Pflanzen auseinanderreißen, sie wachsen nicht mehr an. Das Säen auf Dämme von 20–25 cm Höhe im Freiland läßt warme Luft an die Wurzeln gelangen und verhindert Staunässe. Organische Düngung, lockerer Kompost und Mist fördern das Wachstum. Melonen, aber auch Gurken gedeihen bestens auf dem wärmenden Schutz schwarzer, möglichst geschlitzter Mulchfolie. Man sät oder pflanzt in kreuzförmige Einschnitte im Abstand von ca. 30 cm. Gegen die Gurkenwelke in Gewächshäusern, einen bodenbürtigen Pilz, hilft veredeln. Als Unterlage dient *Cucurbita ficifolia*, der Feigenkürbis.

Zuckermelonen – lohnend fürs Gewächshaus.

Tomaten gibt es in vielen Farben und Formen.

Paprika

Einige Paprikasorten keimen bei Zimmertemperatur problemlos, andere stellen höhere Wärmeansprüche. Sorten mit österreichischem und ungarischem Blut scheinen weniger empfindlich zu sein als solche amerikanischer Herkunft. Gelbe Sorten neigen eher zu Keimschwierigkeiten als grün-rote.

Um sicherzugehen, erhält der Paprika mindestens 22 °C, besser noch 25 °C. Die höhere Temperatur zahlt sich in jedem Falle aus, Keimung und Wachstum vollziehen sich viel freudiger. Keimdauer 10–16 Tage. Bereits im Sämlingsstadium auf Läusebefall achten!

Tomaten

Sie sind im allgemeinen nicht zu den schwierigen Keimern zu rechnen. Auch reichen die Zimmertemperaturen um 18 °C aus – einige Sorten ausgenommen. Vor allem gedrungen wachsenden amerikanischen und gelben Sorten sollten Sie lieber 20–22 °C gönnen. Auch empfiehlt es sich, die Samen über Nacht vorzuquellen. Kirschtomatensaatgut kann sehr fein sein, die Pflanzen zeigen sich später jedoch nicht weniger wüchsig. Zu frühe Aussaat ergibt überständige Pflanzen. Anfang bis Mitte März ist die ideale Saatzeit. Keimdauer 8–16 Tage.

Bei warmen Luft- und Bodentemperaturen keimen fast alle Sämereien gut.

Zwiebeln, Schnittlauch, Knoblauch-Schnittlauch

Weder im Zimmer noch im Freiland zählen die Zwiebeln zu den freudig keimenden Arten. Sie benötigen 3–4 Wochen, bis die peitschenförmigen Sämlinge erscheinen. Kühle Temperaturen um 15–18 °C werden gut, solche über 20 °C mitunter schlecht vertragen. Den Samen nicht austrocknen lassen, aber Staunässe vermeiden. Auch nach dem Aufgang die kühlen Temperaturen beibehalten und erst langsam steigern.

Petersilie

Dieses so viel gesäte Küchenkraut bringt mehr und mehr Gartenbesitzer zur Verzweiflung. Nach der 3–4 Wochen dauernden Keimperiode läßt das freudige Wachstum bald nach. Die Sämlinge werden mehr oder weniger früh gelb, und schließlich stirbt die ganze Pflanze ab. Mehrere Faktoren sind an dieser Erscheinung beteiligt. Neben tierischen Schädlingen wie Möhrenfliege sind es vor allem pilzliche Erreger, die auf Keim- und Laubblätter übergreifen, wenn die Witterung feucht und der Boden schlecht drainiert ist. Staunässe also, oft verursacht durch schlecht durchgefrorenen Boden, nicht genügend ausgebildete Kapillaren, verdichtete Erde. Die lange Pfahlwurzel deutet auf geringen Wasserbedarf hin.
Viele Probleme vermeidet man durch die Aussaat im Monat August. Der Samen geht schneller auf, Pilzkrankheiten sind weniger wahrscheinlich. Außerdem bilden sich im folgenden Jahr keine Schosser mehr, man kann also 1 ganzes Jahr und 2 × im Frühjahr ernten.

Radies

Radies keimen an und für sich rasch und problemlos. Der Samen behält über viele (5–7) Jahre seine Keimfähigkeit. Dennoch sind viele spätere Qualitätsmängel auf Fehler bei der Aussaat zurückzuführen. Langgezogene Form mit verlängerter spitzer Wurzel ist die Folge von zu tiefer Ablage: 0,5–1 cm Bedeckung der Samen sind ideal. Auch Wassermangel kann zu diesem Ergebnis führen. Der Geschmack ist dann beißend und nicht mildwürzig.

Radies schießen, vor allem im Frühjahr, leicht zur Blüte, ohne vorher eine Knolle zu bilden, wenn ihr Lichtbedarf nicht gedeckt ist. Sie benötigen unbedingt volle Sonne und ausreichend Platz, d. h. nach allen Seiten mindestens 3, besser 4–5 cm Abstand. Bei Kultur unter Glas im Winter sind 8–10 cm Abstand richtig. Gerade dann sollten die Temperaturen dem schwachen Lichtangebot entsprechen: bei Sonne nicht mehr als 14–16 °C, bei bedecktem Himmel nicht mehr als 10 °C.

Falsche Sortenwahl führt ebenfalls zu Mißerfolgen: Es gibt Züchtungen für das Winterhalbjahr, sogenannte Kurztagsradies, für die Treiberei bei geringem Lichtangebot.

Größere Bedeutung besitzen die schnellwüchsigen Frühjahrssorten für den Anbau im Freiland im Frühbeet unter Folie und im Gewächshaus. Sie werden relativ schnell pelzig. Aussaat in den Monaten Februar bis Mai. Für den Sommer benötigt man Sorten, die länger erntefähig bleiben und als »pelzfest« beschrieben werden. Aussaat ab Mai bis Anfang August. Spätaussaaten mit schnellen Sorten (August bis Mitte September) liefern im Oktober/November madenfreie Radies.

Keimsprossen

Viele Samenarten eignen sich zum Verzehr in angekeimtem Zustand. Im Samen enthaltene Nährstoffe werden durch die Keimung über Enzyme aktiviert, Stärke verwandelt sich in Traubenzucker, der Vitamingehalt steigert sich enorm. Soja-, Lunja- und Mungbohnen, Sesam, Luzerne, Kichererbsen, Bockshornklee, Lein, Weizen und Alfalfa (Luzerne) eignen sich dafür. Eine Variante der Sprossenkultur ist das sogenannte »Grünkraut«, bei dem kurz nach dem Keimen die ersten Blätter genossen werden, z. B. Gartenkresse, Senf und Rettich.

Die nur wenige Tage dauernde Kultur vollzieht sich in ungedüngtem, klaren Trinkwasser bei Temperaturen von 18–22 °C in dazu geeigneten Gefäßen. Sie müssen den Zutritt von reichlich Sauerstoff und das täglich 2malige Durchspülen mit Wasser ermöglichen (z. B. Keimboxen mit geschlitzten oder durchlöcherten Deckeln, Marmeladengläser mit Sieb-Schraubdeckel oder einem Leinentuch als Verschluß). Es kommt entscheidend darauf an, daß der Samen nie länger als 24 Stunden (Vorquellzeit) im Wasser schwimmt. Hülsenfrüchte sind besonders sauerstoffbedürftig.

Tritt Schimmel auf, so ist dies auf zu hohe Temperaturen, ungenügendes Durchspülen oder auf zu wenig Sauerstoff zurückzuführen. Wiederholtes Spülen (5–6 ×), so lange, bis

Schwierige Samenarten

der Samen wieder einen frischen Geruch ausströmt und das Wasser klar bleibt, kann die Kultur oft noch retten. Keimsprossen lassen sich gekühlt einige Tage frisch halten, die Hülsenfrüchte auch tiefgefrieren. Sie lassen sich also auf Vorrat produzieren.

Die Aussaat von Gehölzen

Gehölzaussaat zählt zu den schwierigen Kapiteln und gelingt nicht in jedem Fall. Der meiste Samen ist nicht handelsfähig, d. h., er muß sofort nach der Reife in den Boden,

Keimsprossen – man kann sie aus vielen verschiedenen Samen in den unterschiedlichsten Gefäßen heranziehen.

trocknet aus, wird hartschalig, verliert schnell seine Keimkraft oder muß in feuchtem Sand längere Zeit lagern, stratifizieren (s. S. 45). Zudem zieht sich die Keimung mitunter sehr lange hin. Steinobst, Rosen, aber auch Nadelhölzer liegen mindestens 4–6 Wochen im Boden, mitunter sogar 1–2 Jahre. Man darf also nicht die Geduld verlieren. Sorgen Sie dafür, daß in dieser langen Zeit die Keimgefäße nicht austrocknen. In Verbindung mit der Anzucht von Bonsais wird oft der Eindruck erweckt, daß die Aussaat leicht möglich sei, aber nur für wenige Arten trifft dies zu; bedingt für: *Betula pendula* (Sandbirke), *Chamaecyparis lawsoniana* (Scheinzypresse), *Chaenomeles japonica* (Scheinquitte), *Juniperus communis* (Säulenwacholder), *Picea omorica* (Serbische Fichte), *Pinus wallichiana* (Tränenkiefer), *Tsuga canadensis* (Hemlockstanne).

Kiefernsämlinge – in wenigen Jahren werden das kleine Bäume sein.

Ginkgo-Samen z. B. reagiert gut auf Vorkeimen (2 Tage in lauwarmem Wasser), sodann wird der Samen auf das Substrat gesetzt und nur leicht eingedrückt, angefeuchtet und in einem Plastikbeutel verschlossen warm aufgestellt (25–28 °C), z. B. in der Nähe eines Heizkörpers. In 4–6 Wochen setzt die Keimung ein.

Gehölze aus dem nördlichen Klimabereich reagieren dagegen eher negativ auf zu hohe Wärme, 12–18 °C sind richtig. Saattiefe im allgemeinen 1 cm. Lediglich Birken vertragen keine Abdeckung, sondern müssen wie im Freien bei kühlen Temperaturen, wie sie Ende März/Anfang April herrschen, zur Aussaat gelangen. Auch gelegentlicher Frost schadet nicht.

Bei kleinen Samenmengen sind als Gefäße Töpfe oder Kistchen günstig, bei größeren das Freilandsaatbeet. Sie können breitwürfig oder in Reihen säen, wobei die Reihensaat die spätere Unkrautbekämpfung erleichtert. Nach dem Aufgang wird pikiert. Aus der Tabelle sind die Arten ersichtlich, die stratifiziert werden müssen (z. B. *Juniperus, Taxus, Torea, Pinus cembra, Zephalotaxus* und andere). Nur wenige Arten keimen leicht, z. B. *Picea, Pinus pseudotsuga, Thuja occidentalis* und *Thuja plicata*. Hartschalige Samen sind im Keimstadium, wenn man sie mit dem Fingernagel eindrücken kann.

119

Schwierige Samenarten

Aussaattabelle und Kulturanleitung für Gemüse

Gemüseart	Saatgutbedarf pro 10 m²	Keimdauer (Tage)	Keimtemperatur (°C)	Reihenabstand (cm)	Aussaatzeit	Vorkultur
Artischocken	1 Port.	15–25	18–25	80	II/Anf. V	△
Auberginen	1 Port.	12–25	20–26	40	II/III	△
Bohnen (Busch-)	125–150 g	7–15	15–25	30	Anf. V/Mitte VII	≡
Bohnen (Stangen-)	2–3 Port.	10–20	18–25	80	Mitte V	≡
Bohnen (Puff-Dicke-)	2 Port.	10–20	5–20	30–40	Ende II/III	≡
Erbsen	200–250 g	7–15	10–20	20–30	Anf. IV	≡
Erdbeeren (Monats-)	1 Port.	20–30	16–22	40	II–III	△
Feldsalat, Rapunzel	15–20 g	25–35	10–22	10–15	VIII–Anf. X	≡
Fenchel Knollen-	1 Port.	15–25	16–22	30–40	Ende VI/VII	≡
Gartenmelde	1 Port.	20–30	15–20	30–40	IV–V	≡
Gurken (Freil.-)	2–6 g	6–15	18–25	100	Mitte V	≡ ∩
Gurken (Treib-)	30 Korn	6–15	22–28	100	II/V	△
Kohl (Blumen-)	1 Port.	5–15	18–22	50	II–Mitte V	□ ≡ ∩
Kohl Brokkoli	1 Port.	5–15	18–22	40–50	IV/V	□ ≡ ∩
Kohl (China-)	1 Port.	5–15	18–22	30–40	Mitte VII/Anf. VIII	≡
Kohl (Kohlrabi-)	1 Port.	5–15	15–22	30	Anf. IV/VI	□ ≡ ∩
Kohl (Rosen-)	1 Port.	6–15	18–22	60	IV	≡
Kohl (Weiß- u. Rot-)	1 Port.	8–16	15–22	50	I/V	≡
Mangold	10–15 g	10–20	15–22	30	III–X	≡ ∩
Melonen	1 Port.	8–20	22–26	100	Ende IV/Anf. V	∧ ∩

Schwierige Samenarten

Paprika	1 Port.	10–20	20–25	60	Mitte II/Anf. III	≡ △
Petersilie	10–12 g	14–30	15–22	20	Ende III/VIII	≡
Porree	1 Port.	14–25	18–20	40–50	Ende III/VI	≡
Radies	20 g	6–?4	12–20	20	Ende I/Mitte VIII	≡ □△∩
Rettich	15	6–14	12–20	30	III/VIII	△ ∩ ≡
Rote Rüben	15–20	10–20	15–22	25	IV/VI	≡
Salate Kopf-	1 Port.	10–15	8–16	30	III/Mitte VII (△ : X/II)	≡ ∩□△
Salate Eis-	1 Port.	10–15	8–18	40	IV/Anf. VI	≡ ∩
Salate Chicoree-	1 Port.	8–15	16–22	40	IV/V	≡
Salate Endivien-	1 Port.	8–15	18–25	30–40	Mitte VI–Anf. VII	≡
Salate Löwenzahn-	1 Port.	10–30	12–18	40	III–VIII	≡ ∩
Salate Radicchio-	1 Port.	10–16	16–20	25	V/Ende VI	≡
Salate Zuckerhut-	1 Port.	10–16	16–20	30	Mitte VI/Mitte VII	≡
Schwarzwurzel	1 Port.	14–25	16–22	40	IV–V	≡
Sellerie (Bleich-)	1 Port.	18–30	18–22	30	Ende II/Ende III	≡
Sellerie (Knollen-)	1 Port.	18–30	18–22	40	III	△ □
Spargel	1 Port.	22–35	16–25	80	III–IV	△ □
Spinat	40–50 g	8–20	5–20	20	Ende III/Anf. V	≡ ∩
Spinat Neuseeländer	1–2 Port	15–40	20–24	25	III–V	△
Tomaten	1 Port.	8–20	18–25	80	Anf. III	△
Zwiebeln	1 Port.	14–30	15–18	30	III–IV	≡
Zuccini und Kürbis	1 Port.	5–15	18–25	80	Ende IV/Ende V	△ ≡
Zuckermais	30–40 g	10–20	18–25	80	Emde IV/Ende 5	△ ≡

≡ Direktsaat im Freien   □ Anzucht im Frühbeet   △ Anzucht unter Glas

Schwierige Samenarten

Aussaattabelle für Heil- und Küchenkräuter

Pflanzenart	Aussaatzeit Monat	Vorkultur	Licht-/Dunkelkeimer	Keimtemperatur °C	Keimdauer Tage	Saatgutportionen für 1 m²	Korn/g	Keimfähig Jahre
Anis	IV–VI	–	D	18–25	20–30	½–1	200–400	2
Baldrian	IV–V	☰□	L	10–20	20–30	½–1	1200	2–3
Basilikum	V–Anf. VI	□△	L	16–25	14–25	½	700	4–5
Beifuß	III–V	□△ ☰	L	15–20	10–25	⅓	7000–11000	3–4
Bergbohnenkraut	III–V	□ ☰	L	12–22	18–28	½	2000	2–3
Bohnenkraut	IV–Anf. VI	–	L	16–25	18–28	½	1400–1600	2–3
Borretsch	IV–VI	–	D	15–25	21–35	½	60–70	2–3
Brennessel	III–X	–	L	10–18	21–30	½	2500–3000	2–3
Brunnenkresse	III–VIII	–	L	6–14	12–25	½	5000	4–5
Dill	IV–VIII	–	L	15–20	20–35	1	700–800	2–3
Estragon, deutscher	III–V	□ ☰	L	18–25	10–30	⅓	5000	2–3
Fenchel	IV–VI	☰	LD	16–22	15–25	½	125–200	2–3
Gartenkresse	ganzjähr.	△ ☰	L	18–25	3–6	50 (in Reihen) 600–800 (bei Dichtsaat)	200	2–3
Kamille	IV–V	–	L	16–22	15–30	½	16–30000	2–3
Kerbel	IV–VIII	–	L	16–25	20–30	1	300–700	3–4
Knoblauch-Schnittlauch	IV–VIII	–	D	18–25	20–35	1	700–800	2–3
Koriander	IV–VI	–	D	16–25	20–30	1½	300–350	2–3
Kümmel	III–Ende VI	–	D	16–22	20–35	½	300–500	3–4
Lavendel	IV–VI	△ ☰	L	18–25 ✻	20–30	½	900–1000	2–3

Schwierige Samenarten

Liebstock	IV–VI	□ △	D	18–25	20–30	$\frac{1}{2}$	200–500	1–2
Löwenzahn	III–VIII	≡	L	12–18	10–30	$\frac{1}{2}$	800–1000	1–3
Majoran	IV–VI	–	LD	15–25	21–35	$\frac{1}{2}$	3600	2–3
Mariendistel	V–VI	–	D	15–25	20–30	1	40–45	3–4
Melisse (Zitronen-)	IV–V	□ △ ≡	L	20–30	20–40	$\frac{1}{3}$	1600–1900	2–3
Oregano, Dost	IV–V	△ ≡	L	20–30	30–45	$\frac{1}{3}$	12000	1–3
Pastinaken	IV–V	–	D	15–25	20–35	$\frac{1}{2}$	190–220	2–3
Pfeffer, spanischer	III–Anf. IV	△	L	20–26	15–25	$\frac{1}{3}$	300–400	2–3
Pfefferminze	II–V	□ ≡	L	20–25	20–35	$\frac{1}{3}$	11–20000	2–3
Pimpinelle	IV–VI	–	D	15–25	20–30	1	250–300	2–3
Portulak, Sommer-	IV–VI	–	D	18–25	6–15	1	2500	3–4
Rhabarber	III–V	□ △	D	18–25	20–30	$\frac{1}{3}$	70–80	2–3
Rosmarin	III–VI	□ △	L	20–28 (Wechselt.)	14–35	$1\frac{1}{2}$	750–1000	2–3
Salbei	III–VI	□ △ ≡	LD	20–25	20–35	$\frac{1}{3}$	160–200	2–3
Sauerampfer	IV–VIII	–	L	15–22	10–20	1	1200–1400	4–5
Schnittlauch	IV–VIII	–	D	15–22	20–30	1	900–1000	1–3
Schnittsellerie	IV–VI	–	D	16–22	20–30	$\frac{1}{2}$	2000	3–4
Thymian	III–V	□ △ ≡	L	20–26	30–45	1	3–6000	2–3
Waldmeister	X–II	–	D	Kaltkeimer	1 Winter	$1\frac{1}{2}$	170–200	1–3
Weinraute	III–VI	□ ≡	L	20–26	20–35	1	480–500	2–3
Wermut	III–VI	□ ≡	L	16–22	10–20	$\frac{1}{3}$	11–12000	2–3
Winterportulak	VIII–V	–	LD	unter 15	8–14	1	1400–1600	2–3
Ysop	III–VI	□ △ ≡	L	25–30	14–30	$\frac{1}{3}$	1000	2–3

Aussaatfehler vermeiden!

Die Samen haben nicht gekeimt – was ist passiert?

Aussaat im Haus	
Richtig	Falsch
Das Saatgut war frisch abgefüllt.	Das Datum der Haltbarkeitsgarantie war überschritten = die Samen waren zu alt.
Die Samentüte war bis zur Aussaat geschlossen.	Die Packung war schon offen = das Saatgut also nicht mehr keimgeschützt.
Der Samen wurde kühl, trocken und dunkel gelagert.	Die Samen lagerten in feuchten Räumen, in der Hitze oder bekamen Frost = die Keimfähigkeit hat dadurch nachgelassen.
Es wurde spezielle Aussaaterde verwendet.	Es wurde normale Blumenerde verwendet = evtl. war der Düngergehalt zu hoch.
Die Erde wurde selbst gemischt, aber vor der Verwendung sterilisiert.	Die selbstgemischte Erde wurde nicht sterilisiert = ein Pilzbefall ging von der Erde aus, Unkraut hat die gewünschten Samen überwuchert.
Die Keimtemperatur wurde gemessen, sie entsprach den Ansprüchen der jeweiligen Arten.	Die Temperatur war zu hoch (in der Sonne ist Überhitzung leicht möglich) oder zu niedrig.
Die Saatschale war immer gleichmäßig feucht, aber nicht naß.	Die Saatschale war zeitweilig staunaß, die Erde war verkrustet und verschlämmt = Sauerstoffmangel, die Samen faulen.
Das Saatgut ist nie ausgetrocknet, im besten Fall war die Schale mit Folie oder Glas abgedeckt.	Zwischenzeitlich war die Erde völlig trocken = Absterben der Keimlinge.
Die Samen gehören zu den Lichtkeimern, sie lagen auf dem Substrat.	Das Saatgut lag unter einer Erdschicht im Dunkeln – Lichtkeimer können so nicht keimen.
Die Samen gehören zu den Dunkelkeimern, sie waren mit Erde bedeckt.	Das Saatgut war nicht oder unvollständig bedeckt = Dunkelkeimer keimen nicht bei Lichteinfall.
Die Samen gehören zu Arten, die einer speziellen Vorbehandlung bedürfen. Er wurde angeritzt, angefeilt, überbrüht, vorgequollen.	Die Spezialbehandlung unterblieb, die harte Schale verhindert die Keimung.

Aussaatfehler vermeiden!

Aussaat im Freiland	
Richtig	**Falsch**
Der Boden war genügend abgetrocknet.	Die Bodenoberfläche war glatt oder verschlämmt und verkrustet = die Samen litten unter Luftmangel.
Der Samen wurde angedrückt, er hatte Anschluß an die Kapillarität, also an die Bodenfeuchte.	Der Samen wurde ohne Andrücken in eine sehr lockere Bodenschicht gelegt = er ist ausgetrocknet.
Die Bodentemperatur war genügend hoch, der Verlauf der Lufttemperatur war optimal.	Die Temperaturen waren allgemein zu niedrig (Frühjahr) oder zu hoch (Sommer).
Samen von Kaltkeimern wurde winterlichen Temperaturen ausgesetzt.	Der Samen gehört zu den Kaltkeimern, bei falscher Aussaatzeit keimt er nicht.
Der Keim-Anfang verläuft gleichmäßig und zügig. Er wurde ausreichend gegossen.	Das Gießen unterblieb oder das Eindringen der Feuchtigkeit wurde nicht genügend kontrolliert.
Der Samen ist weder verfault noch vertrocknet.	Der Samen wurde nicht genügend hoch bedeckt oder zu tief abgelegt.
Der Samen war gebeizt.	Der Samen wurde nicht behandelt, Pilze und Insekten konnten Samen oder Keimlinge vernichten.
Die Saat geht fast vollständig auf.	Im Beet entstehen größere Fehlstellen = Schädlinge: Vögel, Mäuse oder Insekten haben das Saatgut gefressen oder geschädigt.

Register

Register

BLV Gartenbücher – die Tips, auf die es ankommt

BLV Gartenberater
Karlheinz Jacobi/Dietrich Mierswa

Gärtnern unter Glas und Folie

Dieser BLV Gartenberater stellt Ihnen die verschiedenen Gewächshaus- und Frühbeetformen vor, erläutert Ihnen Bauweisen, Einrichtungen, Zubehör und Beheizung und informiert Sie über die Nutzungsmöglichkeiten.

5. Auflage, 229 Seiten, 101 farbige und 91 s/w-Fotos, 50 Zeichnungen

BLV Gartenberater
Peter Oldale

Garten- und Zimmerpflanzen richtig vermehren

Anhand von Fotos und Bildserien erläutert dieses Buch die Vermehrung durch Aussaat, Teilung, Ableger, Stecklinge, Absenker, Abmoosen, Wurzelschnittlinge sowie das Veredeln in allen Variationen.

4. Auflage, 159 Seiten, 266 Fotos

BLV Garten- und Blumenpraxis 311
Helga Fritzsche

Gemüseanbau im eigenen Garten

Ausführlich werden 46 verschiedene Gemüsearten mit ihren zahlreichen Sorten vorgestellt, die speziellen Ansprüche und Verwendungsmöglichkeiten genau beschrieben. Praktische Tips zu Bodenpflege, Düngung, Pflanzenschutz, Ernteverfrühung u.a. garantieren den Anbau-Erfolg.

2. Auflage, 126 Seiten, 85 farbige und 12 s/w-Fotos, 63 Zeichnungen

Martin Stangl

Mein Hobby der Garten

Wertvolle Tips und Ratschläge zu allen Gartenthemen – von der Planung des Gartens über die Pflanzung und Pflege von Blumen und Ziergehölzen bis hin zum Anbau von Obst, Gemüse, Kräutern und Gewürzen.

7. Auflage, 263 Seiten, 296 Farbfotos, 36 farbige Zeichnungen
mit 88 Einzeldarstellungen, 3 farbige Pläne

BLV Verlagsgesellschaft München